JN070161

〈生きられる〉 プロジェクション

中井 孝章

日本教育研究センター

目次 （CONTENTS）

i

序

　いま私は，自宅の近くにある大谷池の土手に佇み，真っ青な空と池の水が融合する美しい風景を見ている。池の向こう岸には，和泉山脈を借景に新築の家が林立している。

　これは，私があるときに遭遇した日常の風景のスナップショットにすぎないが，私は本当にこの風景を自分自身の目で見ているのであろうか。もしかすると，この風景は私が知覚したものではなく，私の脳が勝手に作り出した幻影ではないのか（それとも，私が夢で見た風景ではないのか）。

　ここで問題にしたいのは，私（私たち）は，風景を目で見ていると確信しているが，実は，私（私たち）の脳が勝手に作り出した「風景」，すなわち「脳内風景」ではないかということである。「脳内風景」は「仮想現実」あるいは「仮構世界」と言い換えてもよい。重要なことは，私（私たち）がこの風景をあるがままに捉えている（知覚している）のではなく，脳が作り出した風景を私（私たち）が見ているだけではないかということである。正確には，脳の中で生み出した風景を私（私たち人間）は，まさにプロジェクターで外のスクリーンに映写するように，内部から外へと投射（プロジェクション）することによって見ているだけではないかということなのだ。というのも，私（私たち）は自らの内部で作り上げた風景そのものを直に見ることができないからである。端的には，私たち人間は自らの内面を覗き込むことができない。したがって，私たち人間は内部で作り上げた風景を外へと投射（映写）した上で，見るしかないのである。つまり，私たち人間においては，目で知覚したものを材料にしつつも，脳はその知覚したものを過去に記憶・保存していたアーカイブ（この場合は風景のアーカイブ）を引き出しつつ，編集するわけだ。目と脳のアンサンブルもしく

は共同制作した作品こそ，眼前に広がる風景なのである。

　いま述べたことを認識論の立場から述べると——後述するように——，私たち人間は風景を直に捉えているのではなく，脳が表象（作用）を通して内的に構成したもの，すなわち風景－像として再－現前化しているのである。繰り返しになるが，私たち人間は乳幼児を除くと，ある風景を見るとき，その風景に類似した過去の記憶を脳から取り出しつつ，いま，知覚している風景と，過去に記憶していた風景を瞬時に編集している。そして私たち人間は，現在の知覚と過去の記憶がない交ぜになった風景を「見た」と実感するとともに，その風景に何らかの相貌（アスペクト）もしくは意味を感じ取る。たとえば，その相貌もしくは意味は，「美しい！」とか「懐かしい！」とか「晴れ晴れする！」等々というものである。そこには美が宿るのだ。

　とはいえ，この美しい風景は，脳内風景であり，脳が私たちに見せてくれたものである。万が一，私たち人間に「表象」という，風景や世界（事物・他者）を内的に構成する能力が備わっていなかったとしたら，眼前に広がる風景や事物・他者は，解像度が極めて低い点描の集合体もしくはぼんやりとした輪郭から成るモノとして立ち現われてくるはずである。そうした場合，当然のことながら，私たちは風景や世界（事物・他者）に向けて美しさや懐かしさなどを感知することができないはずである。

　以上述べたように，私たち人間は，眼前に広がる風景を安定した秩序あるものとして捉えることができるのは，目と協働しつつも，脳による表象のお陰なのである。

　唐突であるが，目と脳が協働していることを垣間見せてくれるのが，緑内障という目の病気である。緑内障とは，常時，水晶体に分泌される液体が排出されないため，眼圧が高まり視神経を傷つけてしまうことで起こる目の病気である。ところが，緑内障に罹患した人は，病気

2

が進行して視野が欠けていてもほとんど気づくことはない。それはなぜなのか。緑内障によって欠損した視野，すなわち本来見えないはずのモノを脳が補正して“正常な”視野を作り出してくれるからである。緑内障を早期発見するには，OCT（Optical Coherence Tomography）［光干渉断層計］による検査によって視神経線維の厚みを測定するしかない。

　緑内障のことはともかく，私たち人間は目と脳の協働によって風景や世界を「見ている」のであって，網膜が外界からの刺激を捕捉したものをその通りに見ているわけではないのである。繰り返し強調するが，私たちは風景や世界を直に見たり捉えたりするのではなく，それらを表象によって一旦，内的に構成していき，風景−像や世界−像として再−現前化した上で（＝内的表象），あたかもプロジェクターのように，その再−現前化したものを外へと（外に向けて）投射（プロジェクション）して，それらを意味づけているのである。いま述べたことは，目（網膜）を通して外界から内部へとインプットされた情報は，脳内で過去に記憶された類似した情報によって編集し直され，その編集されたものが再び，内界から外部へとアウトプットされる，というように言い換えることができる。

　本書では，以上述べてきた，脳の内部に作り出された「表象」が内部から外界へと投射される，あるいは，主体からすると，内部から外界へと投射する，そのメカニズムについて論述する。脳が勝手に行うプロジェクションは，人間（主体）にとっては無意識的，無意図的なプロジェクションになるが，一方で，主体が，自らの内部から外界へと意識的，意図的に行うプロジェクションもある。プロジェクションは，無意識的なものもあれば，意識的なものもあるように，さまざまである。裏を返すと，私たち人間の日常世界は，さまざまなプロジェクションによって意味づけられ，彩られているのである。本書は，こ

うしたプロジェクションの重要な働きとメカニズムについて，論述し
ていくことにしたい。

Ⅰ．世界了解の様式としての行動と意識

　本書は,「プロジェクション」について論述することを目的とするが,後で述べるように,「プロジェクション」は従来の認識論もしくは認知理論を刷新するものであることから,まずは事物や他者についての認識の仕方,すなわち世界了解の様式について述べることにしたい。

1．視覚認知の経路と世界了解の様式

　日常,私たちは世界(他者や事物など)とさまざまなかかわりを通して,世界を了解している。こうした世界了解の様式を大きく分けると,動物と共通する了解のタイプと,動物とは差別化される人間独自の了解のタイプがある。私たち人間における二つの世界了解の様式のうち,前者が「行動」に,後者が「意識」に各々対応する。しかも,これら二つの世界了解の様式を駆動する原理もしくは方向づける起源を,視覚認知の二つの経路,すなわち「腹側視覚路」と「背側視覚路」に求める。

　最初に,なぜ世界了解の様式が視覚認知(の経路)に規定されるのかというと,それは,私たち人間にとって視覚を通してインプットされる情報量がとてつもなく大きく,その影響は甚大だからである。ただ,これは十分な理由とはいえない。むしろ視覚認知が世界了解の様式に与える影響は,過去に記憶された視覚情報,すなわち脳の中に保存された視覚情報にこそある。外から目を通して視覚情報がインプットされると同時に,それと類似した,過去に記憶された視覚情報が無意識的に引き出され,両者が編集・統合されるのである。

　その証左として,序で述べたように,緑内障で視神経が損傷することで本来,目には見えていないはずのモノが脳の働きによって補正さ

れ，見えてしまうことを挙げることができる。目で見えるモノは，すでに脳によって編集された映像なのだ。五感の中でも，視覚と脳のかかわりは密である。視覚とは，脳における視覚であるといっても過言ではない。これが，視覚認知が世界了解の様式を規定することの根拠である。以上のことを踏まえて，あらためて視覚認知と世界了解の様式との橋渡しを行うことにしたい。

　以上述べたように，視覚認知が世界了解の様式（「行動」と「意識」）を駆動するとして，前者と後者との橋渡しを行う上で手がかりとなるのは，視神経科学者，藤田一郎の，視覚認知についての考え方である。藤田は，視覚性運動失行などの視覚失認を挙げながら，次のように述べている。

　「「見る」「見える」というのは一種類のできごとではないということである。「まず，第一は，「見たものが何であるかがわかる」という過程と，「見たものに対して働きかける」という過程は別であり，脳の別の場所で担われているのである。前者の機能，視覚認識の機能には側頭葉が関係しており，後者の機能，視覚にもとづいた行動には頭頂葉が関与している。……もう一つのポイントは，知覚意識と行動の乖離が起きているということである。」[藤田一郎，2013：49-50] 総じて，「見ることにおいて，「ものが見えるという主観的体験が生じる」ことと，「見ることに「依存して行動を起こす」ことが独立に起こりうる」」[同前：61] わけである。

　後で詳述するように，「見たものが何であるかがわかる」は，腹側視覚路の働きであり，「見たものに対して働きかける」は，背側視覚路であるが，前者の，視覚認識，すなわち意識の機能は，主に側頭葉でなされ，後者の，視覚行動，すなわち（環境に適合した）行動の機能は，主に頭頂葉でなされている。図式的に整理すると，「腹側視覚路＝視覚認識＝意識＝側頭葉」対「背側視覚路＝視覚行動＝行動＝頭頂葉」と

なる。

　再度述べると，本書では，視覚認知の二つの経路が起源となって，私たちの二つの世界了解の様式，すなわち「行動」と「意識」へと普遍化される理路を述べていく。つまり，二つの視覚認知の特性は，それを起源もしくは発端として，二つの世界了解の様式へと拡張される。前述したように，視覚における二つの経路は，世界了解の様式を決定するのだ。藤田は，さまざまな視覚認知の障害を通して，背側視覚路と腹側視覚路の矛盾・齟齬を端的に「意識と行動の乖離」と述べているが，それが意図するのは，視覚認知が世界了解へと普遍化されるということではないかと考えられる。

　こうして，「行動」と「意識」という二つの世界了解の様式を規定するのは，脳における視覚認知の二つの経路なのである。では次に，あらためて，この二つの経路をはじめ，視覚認知が世界了解の様式へと拡張される理路について述べることにしたい。

　ところで，私たちがモノを見る仕組みと，世界（モノや他者）を認知（認識）する仕方には，大いなる関係がある。それは，目と脳の関係と言い換えてもよい。神経科学もしくは視神経科学の一般書によると［篠原菊紀，2019：36-39，176-179］，私たちがモノをみる仕組みは，およそ次のように説明することができる。たとえば，私が机の上に置かれたモノ（ペン）を見て，それがペンだと認識できるには，さまざまな過程を辿る必要がある。

　まず，私は机の上にあるモノ（ペン）を見るが，それは光の情報である。私がモノを見るには，光を媒介しなければならない（周知のことであるが，真っ暗闇では視覚情報を獲得することができない）。そして，光の情報が網膜上の視細胞（桿体細胞，錐体細胞，光感受性網膜神経節細胞）によって感知されて，それは電気信号へと変換される。そして，電子信号は視神経を経て，感覚情報の中継点である視床（視

7

覚情報の場合は外側膝状体）へと送られて，後頭葉まで伝送される。脳の後頭葉にある一次視覚野（V₁）では，こうして視神経から伝送されてくる電気信号を受け取るとともに，その電気信号を視覚情報（特に，モノの輪郭）へと処理・統合する。視覚に関与する後頭葉すべて，頭頂葉，側頭葉，総じて大脳皮質視覚野への最大の入り口は，後頭部にある一次視覚野（V₁）であり，網膜の出力神経線維のほとんどは，視床の外側膝状体という場所を経由して，一次視覚野（V₁）に到達する。一次視覚野は，自ら処理した視覚情報を視覚連合野へと送り，そこで視覚情報を，色，明るさ，形（輪郭），動き等々と分析し統合する。ただし，視覚連合野で情報処理する細胞は，視細胞，すなわち目（網膜）から伝送されてきた細胞の二割程度にすぎず，情報処理の大半（残り八割）は，高次脳，すなわち記憶や認知を司る大脳皮質からのものである。つまり，視覚連合野は，脳に記憶されている過去の視覚情報を中心とする，視覚情報処理を行うのだ。そして最後に，脳は，これらの情報を頭頂連合野で統合する。その結果，私はいま見ているモノがペンであることを理解するのである。

　私たち（私）が机の上にあるモノを見てから，その見ているモノが何であるかを理解することは，ほんの一瞬のことであるが，実は，いま述べたような，複雑なメカニズムから成り立っているのである。網膜上ではバラバラにすぎなかった情報は，視床（外側膝状体）→一次視覚野→視覚連合野を経由しつつ，頭頂連合野で初めて統合され，意味のある情報となるのである。

　ところで，ごく正常な人たちにおいて，網膜から頭頂連合野へと到る経路は，見たものを認識するまでのしくみとなるが，「盲視（ブラインドサイト）」と呼ばれる視覚障害を持つ人たちの場合，私たちとは異なるルートを通る。その前に，盲視とはどのような視覚障害なのかというと，それは，事故や病気などが原因で一次視覚野（V₁）を損傷す

ることで，視覚的には「見えていない」にもかかわらず，目の前にあるモノに働きかけることができたり，そのモノを避けたりすることができる不思議な障害である。

　盲視の人の場合，たとえば目の前にあるペンを見たり思い浮かべたりすることができないにもかかわらず，ペンを手で持って書く動作をすることができる。実は，盲視の人にとってモノ（ペン）は，目に見えていないようでいて，脳では無意識に視覚情報処理がなされているのだ。盲視の人は，自分の目でペンを見たり，自分の頭の中（「表象＝意識」）でイメージしたりするといった「意識における認識」ができない反面，ペンを手に持って書く動作をするといった「行動における認識」はできるのである。

　ではなぜ，盲視の人は，目には見えていないはずのモノ（ペン）を用いることができるのか。それは，神経科学もしくは視神経科学の立場から説明することができる。つまり，盲視の場合，網膜から入ってきた情報は，一次視覚野へと伝送される代わりに，中脳の上丘という視覚情報の中継点を経て頭頂連合野へ伝送されるのである。

　このように，盲視の場合，一次視覚野が損傷していても，上丘という中継点を経由して頭頂連合野へと視覚情報が伝送されることから，たとえ盲視の当事者自身，見えていないと思い込んでいても，実際には，ごく正常な人たちと同様，目の前にあるモノは「見えている」ことになるのである。

　ところで，ごく正常な人たちが辿る視覚認知の過程は，網膜→視床（外側膝状体）→一次視覚野→視覚連合野→頭頂連合野，であった。次に，付け加えるべき重要な知見とは，一次視覚野および視覚連合野（総じて，視覚認知）からの二つの経路の働きである。

　視覚認知の経路は，背側視覚路と腹側視覚路の二つのルートから成る。

まず，背側視覚路は，対象の位置や動き（運動）を把握することに関与する。それは，主として空間情報の処理を司る。このように，背側視覚路は，位置や運動，空間情報を処理することから「where 経路」と呼ばれる。背側視覚路は，頭頂葉へと向かうルートをとる。正確に述べると，背側視覚路は，視覚皮質から側頭葉下部を経由して大脳辺縁系へと到る経路となる。頭頂葉が運動感覚にかかわる重要な脳の部位が密集していることから考えても，背側視覚路がいかに対象の位置や運動，空間情報にかかわるものかが理解されてくる。

　次に，腹側視覚路は，対象の形状や存在を認識することに関与する。また，それは，意識にのぼる映像（イメージ）として認知することに関与する。ここでいう「意識にのぼる映像（イメージ）」とは，「表象」，すなわち「意識」における認識を指す。端的にいうと，腹側視覚路は，視覚情報処理でも，「表象」に関与する。この場合，「表象」は記号的表象や言語的表象も含まれる。このように，腹側視覚路は，対象の形状や存在の認識，映像や表象をはじめ，イメージ全般を処理することから「what 回路」と呼ばれる。腹側視覚路は，側頭葉へと向かうルートをとる。正確に述べると，腹側視覚路は，視覚皮質から側頭葉下部へと到る経路となる。側頭葉が言語中枢であるウェルニッケ野（＝言葉の意味を理解するときに働く脳の部位）およびそれと連携するブローカ野（＝言葉を発する［発声］ときに働く脳の部位），そして側頭連合野（＝聴覚情報と視覚情報を統合・処理するときに働く脳の部位）から構成されていることから考えても，腹側視覚路が対象についての認識や表象にかかわっていることが理解されてくる。

　以上，視覚認知の二つの経路として，背側視覚路と腹側視覚路および各々の特徴をみてきた。総じて，背側視覚路は，筆者のいう「行動」に，腹側視覚路は，筆者のいう「意識（表象)」に，各々対応している。

　筆者は以前，二つの認知仕方を進化心理学や行動経済学などを手が

かりに，脳・心の二重過程論について述べたことがある［中井, 2017］。それは，直感と思考に典型されるように，「速い判断」と「遅い判断」と規定されるが，脳・心の二重過程論は，どちらかというと，大脳辺縁系と大脳皮質（特に，前頭前野）の神経伝達速度上発生するタイムラグに基づく意志決定や判断の矛盾についての理論であった。

　しかしながら，筆者は，私たち人間の認知仕方もしくは世界了解の様式を規定しているのは，脳・心の二重過程論よりも，視覚認知の二経路ではないかと考えるに到った。端的に述べると，私たち人間の世界了解の様式は，大きく二つに分かれ，それが「行動」と「意識」であり，各々は，視覚認知の二経路，すなわち背側視覚路と腹側視覚路によって駆動されているのではないかということである。

　以上，視覚にかかわる脳は主に三つあり，一次視覚野は主に対象の輪郭の統合に，背側視覚路（where 経路）は主に運動や位置，空間に，腹側視覚路（what 経路）は主に形状や色，存在に，各々関与していることがわかる。特に，腹側視覚路は高次視覚野と呼ばれるように，事物や対象の特徴を処理するだけでなく，事物や対象のカテゴリー（顔，全身など）を区別する働きがある。高次視覚野には，アカゲザルの実験から対象の似た特徴毎に反応する細胞がコラム（神経細胞の柱状の集合体）として存在し，そのコラム群が画像の認識を司っている。腹側視覚路の経路に位置するこの高次視覚野は，高度な視覚認知およびそれを言語化・記号化する機能を有すると考えられる。

2．行動とアフォーダンス

　まず，背側視覚路の機能を踏まえつつ，「行動」について述べることにする。

　私たちが事物を操作するときは——たとえばコップを手で取ったり，

11

自転車に乗ったりするときは——，背側視覚路を生成の起源とする，「行動」（知覚行動）によって直に操作することができる。総じて，私たちが普段，何も考えることなしに自然に行っている習慣全般は，「行動」に相当する。あるいは，儀式や儀礼もその大半は「行動」である。「行動」は，私たち人間を含め，すべての動物が環境に埋め込まれつつ，それと地続きにかつ円滑に生きられる上で不可欠な認識仕方もしくは世界了解の様式なのである。しかも，「行動」においては，空間的には環境に埋め込まれるだけでなく，時間的には現在（いま）に埋め込まれている。「行動」では，過去や未来はなく，「現在」のみが実在する。それは永遠の現在である（裏を返せば，「意識（表象）」において初めて「現在」を基準に「過去」と「未来」が実在し得ることになる）。総じて，「行動」は空間的にも時間的にも，「いま，ここ」に生きられるだけでなのである（勿論，「行動」以外に「意識」を有する私たち人間の場合，動物とは異なり，「行動」は常に「意識」に浸食される。裏を返すと，習慣がそうであるように，「行動」は「意識」によって改訂されるが，その後はまた，「行動」に戻る）。

　ところが，「行動」は，私たち人間にとって動物と同一の認識仕方となることから捉えることが容易でない。したがってここでは，「行動」とは何かを詳しく述べるために，J.J.ギブソンのアフォーダンス理論を参照することにしたい。というのも，アフォーダンス理論は，人間を含めすべての動物が環境から直に情報を抽出することで，行動を誘導する（＝アフォード）する世界了解モデルだからである。ここでは，アフォーダンス理論の概要ではなく，その世界了解の様式の特徴を述べることに留めることにしたい。ただ，「行動」について詳述するためとはいえ，アフォーダンス理論のように特定のモデルを持ち出すのは決して望ましいことでない。むしろ，それは誤認識の原因になりかねない。というのも，後で「表象主義モデル」について言及するように，

12

一般的にモデルは私たち人間が対象を内的対象へと再構成したもの，すなわち一種の「表象」だからである。こうしたリスクを侵してもアフォーダンス理論を取り上げるのは，「行動」が私たち人間の生とあまりにも近すぎるがゆえに，捉えるのが困難な類いのものであり，何らかのモデルが不可欠になってくるからである。

　ところで，J.J.ギブソンのアフォーダンス理論（生態心理学）の特徴を挙げると，次の三つにまとめることができる。

　一つ目は，従来の視覚論（知覚論）が網膜像説をとるのに対して，ギブソンのアフォーダンス理論は，網膜像を否定した上で文字通り「生態学的知覚論」を採ることである。

　二つ目は，従来の光学理論が光の事実を放射光とするのに対して，ギブソンのアフォーダンス理論は，それを包囲光とすることである。

　三つ目は，従来の心理学が人間の認知活動を，コンピューター・モデル（環境［刺激］－インプット－中枢－アウトプット）のように，環境からの外界刺激を脳神経が「情報変換・処理」することだと捉えるのに対して，ギブソンの生態心理学は，環境からの情報を身体が「直接知覚」を行い，「情報抽出」することだと捉えることである。

　これら三つの捉え方は，ギブソンのアフォーダンス理論を説明する上で不可欠であるが，ここでは本章の目的に関連する三つ目の特徴のみを取り上げることにしたい。

　三つ目について述べると，次のようになる。「生体＝観察者」は，環境から情報を「直接知覚」することによって，「情報抽出」している。直接知覚は，身体を用いた探索活動によって「包囲光」から情報を抽出する。ここで包囲光とは，媒質中（内）の一点を包囲する光のことである。それは，一つの光源から直線的に一つの方向に向かって進む放射光（反射光）と対照的である。「直接知覚」との関係で重要なことは，包囲光の中に観察者（生体）も含まれるということである。包囲

光が示すように，生体は常に動きながら，もっといえば，眼，頭，顔，胴体，足等々全身が動きながら，知覚・認知活動を行い，こうした生体の動きによって包囲光（光）の変化が生み出されるのである。

　認知心理学や脳科学では，コンピューター・モデルの説明を用いて，まず，環境からの情報（＝刺激）をインプットして，そのインプットした情報を脳神経における，すなわち「頭の中」での言語表象によって情報変換・処理を行い，その結果をアウトプットするという経路を辿る。ギブソンは，こうした捉え方を「間接知覚」と呼び，網膜像説と同様，否定した。

　ギブソンのアフォーダンス理論においては，生体は環境から直に情報を探索・走査し，そして抽出するのみである。知覚は，環境の中に情報を発見し，利用するのだ。この場合，内的な情報処理は一切必要ない。U.ナイサーの名言にあるように，「アリは凱旋門という概念なしで凱旋門をくぐることができる」（U.ナイサーの言葉）［道又爾，2009：169］のだ。むしろ，環境には情報（知性）があって，その情報に生体がアフォード（誘発）されるのである。佐々木正人がいみじくも述べるように，「アフォーダンスは事物の物理的な性質ではない。それは『動物にとっての環境の性質』である。アフォーダンスは，知覚者の欲求や動機，あるいは主観が構成するようなものではない。それは，環境の中に実在する行為の資源である。」［佐々木正人，2014：72］要するに，「アフォーダンスは環境に実在する」［同前］のだ。

　よく引き合いに出される例として，“賢いノブ”があるが，それは，生体（人間）が一瞬見ただけで押すのか，それとも引くのかが認知できるノブ（道具）のことである。反対に，“悪いノブ”の場合，よく見ても，どのようにすれば良いかがよくわからないのである。したがって，“良いノブ”には，知性が埋め込まれているのだ。

　こうした事物（モノ）をアフォーダンス理論から述べると，環境や

14

道具となる。モノとの出会いを事物存在という存在様式に据える認知心理学では，神経中枢，すなわち大脳皮質（前頭前野）における高度な情報変換・処理を想定することになる。ところが，道具存在という存在様式をモノとの出会いとする生態心理学では，高度な情報変換・処理を行うための言語表象を必要としない。その意味で，直接知覚論は，反表象主義の立場に立つ。むしろ，生態心理学が捉える身体とは，環境の中（包囲光）に埋め込まれながらも，直接知覚によって環境から情報抽出を行う，すなわち環境の中に実在する情報を自発的に抽出する，といった受動的かつ能動的なものである。ヒトもまた，こうした身体を持っている。むしろ，こうした身体は，動物的なものとして軽視されてきたのである。

このようにみると，ギブソンのアフォーダンス理論は，従来の，高次脳を前提とする心理学や脳科学に対して，低次脳を前提とする新しい心理学を志向してきたことがわかる。つまり，生態心理学はヒトと動物が共通する低次脳，脳の構造からすると，大脳辺縁系（動物脳）をベースに構築されてきた，文字通りの「生態」心理学なのである。この心理学は，動物に特化した動物心理学でもなく，人間（ヒト）に特化した心理学（認知心理学）でもなく，動物と人間（ヒト）の共通点や相違点に着目した比較心理学でもない。むしろそれは，動物と人間（ヒト）の区別を撤廃した——正確には，「撤廃する」ことさえ意識しない——，動きながらモノを見るすべての生体を主体とする心理学なのだ。

「認知心理学とギブソン心理学は，対立するというよりもすれ違っているというべきだ。前者が椅子に座ってじっくりと本を読むヒトにおける『記号からの意味の抽出』のような問題に関心を向けてきた一方，後者は野山を這い回り，食料を探し敵から身を隠す『けだもの』の問題に関心を向けてきたのだ。そして，ギブソンのメッセージとは，

15

前者は後者から現れたという，全く当たり前のことなのである。」［道又爾，2009：181］

　環境は包囲光として客観的に実在する。にもかかわらず，環境は生体（ヒトを含め）を一方的に規定したり拘束したりすることをしない。むしろ，環境は生体がその生態に応じてその都度環境から直接，情報を探索・走査し，抽出するのである。それゆえ，複数の生体（この場合はヒト）が同一の環境に置かれたとしても，個々の生体（ヒト）が抽出する情報は同じものとはならない。その意味で，環境から情報抽出を行うには，生体（ヒト）それぞれに能力や資質が必要となる。

　ところで，心理学上，「視覚パラダイム」を超えて，これと同じ観点でイメージを捉えることに成功した心理学理論として，U.ナイサーの「知覚循環論」［Neisser，1976 ＝ 1977］を挙げることができる。「知覚循環論」は，ギブソンの生態心理学を組み込み，それをより進展させたものである。

　ナイサーは，イメージを対象についての像，すなわち視覚的イメージとみなさず，たとえば，情報の抽出が遅延されたり，妨害されたたりしたときに発現される知覚的な「予期図式」，すなわち対象を知覚しようとする内的な準備状態であると考えた［同前］。

　以上のように，アフォーダンス理論は，直接知覚もしくは知覚行動（「行動」），いわば非「表象」に基づく世界了解の様式の典型または極北であり，それは，コンピューターのように，「表象」に基づく情報変換・処理モデルとまったく対照的なものなのである。

３．意識と表象

　次に，腹側視覚路の機能を踏まえつつ，「意識」について述べることにする。

16

　「意識」とは何かを述べる上で有力な手がかりとなるのは，「表象」という概念である。というのも，「表象」は，私たち人間だけに固有の情報処理であり，世界をあるがままに了解するのではなくて，世界を自らの内的世界もしくは仮構世界として再構成した上で，世界を認識する世界了解の様式だからである。「表象」という世界了解の様式は，世界を直に捉える「行動」および「行動」を理論化したアフォーダンス理論とはまったく対照的に，世界を間接的に捉えるものなのである。むしろ私たちは世界を間接的に捉えることしかできないと考えられる。

　あらためて，「表象」とは何か——それは，外にある（＝表現する／現前化する）対象（モノ）を自分から構成していき，構成された対象を内的に「対象－像」という形で再び表現／現前化（措定化）することである。要するに，「表象」とは，〈外〉に現前化するものをあるがままに〈内〉に再－表現・再－現前化するものへと構成することなのである。裏を返せば，現前するものをその端的な現前の場（生きられる現在）において把握しようとする知の働きではなく，あくまで構成された対象を再び自分の方へと措定し直すという，ものの現前の屈折的な（reflektierend）再－表現作用もしくは再－現前化作用（Re-präsentation, Re-flexion）である。つまり「表象」は，事物を自己の中で構成し直したものであり，自己自身がそれを操作する知なのである。

　さらに，H.ワロンら発達心理学者が述べるように［Wallon, 1949＝1965］，個体発達にとって「表象」，正確には，表象する能力またはイメージを生み出す能力を習得することは，不可欠である。表象（作用）は，子どもが自発的，意図的に現実世界において経験した指示対象を内的，心的次元において再現前化する，すなわち創造（再創造）する能動的な作用であり，しかも，再－現前化されたもの（＝所記）は別の何か（＝能記）へと代理されることを意味することから，

17

子どもはその別の何かという新しい現実（イメージ，記号，言葉等々）を操作して，保持するができるようになる（その意味で，自らの身体を未だ所有できていない三歳未満の乳幼児は，「表象」以前の世界，すなわち，いま，ここにある現実世界を端的に生きられている）。三歳未満の乳幼児が表象主体となるためには，十全の姿勢機能が生理的に成熟するまで——特に緊張活動（トーヌス）を習得するまで——待たなければならないのである。

　「表象」が優先されてしまうと，対象はすべて自己が制御する対象－像と化してしまうといった批判があるが，この批判そのものは，「表象」に対する誤った理解にすぎない。前述したように，「表象」は本来，外にある対象を内的な対象へと自ら再構成するという再－現前化作用であって，そのこと自体には正しい，正しくないとい価値基準はないのである。「表象」とは，あくまでも対象を自ら内的に再構成したものであって，それ自体に内的属性はないのだ。ただ，「表象」に問題があるとすれば，事実を再構成したものと，虚構を再構成したものとを取り違えたり混同したりすることである。卑近な例を挙げると，人工知能が暴走する映画を観て，それが現実世界でも実際に起こっているのだと誤認識してしまうケースである。

　また，認知心理学や認知科学では「表象」を最優先する立場のことを特に，「表象主義」あるいは「表象主義モデル」と呼ぶ（その反対の立場は，反表象主義もしくは状況主義，あるいは前述したアフォーダンス理論である）。ただ，これもまた，「表象」という概念の取り違えもしくは混同にすぎない。「表象主義」という概念が生み出されたのは，コンピューターを基準とする情報処理の様式，すなわち環境からの刺激の「インプット－情報処理・変換－アウトプット」といういわゆる「コンピュータ・モデル」に基づいている。つまり，「表象主義」は，複雑な人間の脳の情報処理メカニズムをわかりやすく説明するために，

「表象」とは関係なく作り出された一つのモデルにすぎない。だから
こそ，「表象主義」は，「状況主義」や「アフォーダンス理論」と対比
的に持ち出されるのだ。繰り返し強調すると，「表象」と「表象主義」
を一緒くたに捉えてはならない。

　強いていうと，「表象主義」もまた，対立的に捉えられる「状況主義」
や「アフォーダンス理論」と同一であると考えられる。なぜなら，両
者とも，「表象」と異なり，世界を内的世界または仮構世界として再構
成するところの「意識」が欠如しているからである。どれほど人工知
能が進展しても結局のところ，「意識」を持つ人間並の人工知能や知能
ロボットが開発されないのは，「表象」およびそれを生み出す「意識」
が欠如しているからだ。もっというと，前述したアフォーダンス理論
を忠実に実行に移すことのできる，非「表象」タイプのロボットは開
発することができても——事実，「表象なき知能」を前提とする，R.A.
ブルックスの自律移動ロボット（Polly や Genghis）は造られた——，
「表象」を持つロボットを製作することができないのである。

　このように，腹側視覚路の視覚認知は，「表象」および「意識」へと
普遍化される発端となると同時に，人間特有の間接的な世界了解の様
式へと拡張されるのである。「表象」もしくは「意識」は，私たち人間
だけに内蔵された機能なのである。

小括

　以上，視覚認知の二つの経路を発端に，二つの世界了解の様式とし
て，「行動」と「意識（表象）」が取り出された。私たち人間からする
と，「行動」が動物と同型の認識となるのに対して，「意識」は人間固
有の認識となる。つまり，「行動」における事物の認識と，「意識」に
おける事物の認識は根本的に異なるのである。私たち人間は，本来，
分離・切断しているはずの，「行動」と「意識」といった二つの異なる

世界了解の様式，すなわち認識仕方をその都度切り替えながら，常時使い分けている。あらためて強調したのは，「行動」と「意識」はまったく別々の認識仕方だということである。

　Ⅱ章では，本来，分離・切断している「行動」と「意識」の各々には，従来の「認識」を刷新する「投射（プロジェクション）」のうち，どのプロジェクションが当てはまるのかについて論述することにしたい。Ⅱ章では，従来の「認識（認知）」枠組みを刷新する「投射（プロジェクション）」を提起する，認知科学の新動向について紹介することにしたい（なお，筆者からすると，認知科学が新しい認識論として提示する「投射（プロジェクション）」は，「プロジェクション科学」という言葉からも示唆されるように，主体における内的表象を中心とするものであり，したがってそれが（筆者のいう）「意識」に限定されていることから，すべての「プロジェクション」を網羅するものでないことを述べておきたい）。

Intermezzo.1　カプグラ症候群（ソジーの錯覚）と相貌失認

　筆者は，近著『カプグラ症候群という迷路』[中井, 2020] でカプグラ症候群もしくはソジーの錯覚について論述したが，ここでは，カプグラ症候群（ソジーの錯覚）についての，二つの異なる学説（成因論）を述べることにしたい。

　一つは，V.S.ラマチャンドランらの神経解剖学的仮説である [Ramachandran, 1998 = 1999]。同仮説は，カプグラ妄想を扁桃体の機能不全に因る情動・感情喚起の異常とみなす。正確に述べると，カプグラ妄想は，人物の相貌を認識する「紡錘状回」と，人物への情動・感情反応を起こす「扁桃体および大脳辺縁系」という二つの脳のシステムの障害・異常なのである。つまり，脳における相貌認識システムと情動・感情反応システムを連結する神経が損傷すると，身近な人物を見ても，何とも思わなくなるのである。カプグラ妄想もし

20

くはカプグラ症候群は，患者が身近な人物を「瓜二つ」であるが，愛情や親しみなど何の情動・感情も湧かないことから，偽物である（本物ではないというのが真相に近い）と判断せざるを得ないと思ってしまうのである。

　また，神経解剖学的仮説のように，カプグラ症候群を扁桃体のトラブルによる情動・感情喚起の低下だと捉える立場からすると，稀で奇っ怪な病である「コタール症候群」，「身体完全同一性障害（BIID）」，「フレゴリの錯覚」等々にも適用することができる。

　ここで「コタール症候群」とは，本人は「生きているのに，死んでいる」と思い込む病であり，「身体完全同一性障害（BIID）」とは，「自分のこの足やこの手は自分のものではないので，いらない」から四肢を切断したがる病であり，「フレゴリの錯覚」とは，カプグラ症候群とはまったく逆に，まったく見も知らぬ赤の他人をよく見知っている人物と誤認識してしまう病である。

　このように，ラマチャンドランの仮説にしたがうと，カプグラ症候群，コタール症候群，身体完全同一性障害，フレゴリの錯覚はすべて，情動・感情の喚起が異常（低下または上昇という制御不能）であることが原因で起こる精神症候であると説明がつくことになる（フレゴリの錯覚のみ，情動・感情の喚起が上昇する）。

　異なるのは，情動・感情の異常が喚起されるのがどの部位で起こるのかという点である。この観点から述べると，こうした異常は，カプグラ症候群とフレゴリの錯覚の場合，眼前に居る既知の相貌を見るときに起こり，コタール症候群の場合，自己自身の内部を捉える（内部知覚する）ときに起こり，身体完全同一性障害の場合，自分自身の手や足（四肢）を自己受容するときに起こるのである。各々の病においては，その各々の部位やトータルな自己自身で情動・感情の喚起が起こらないため，それらが自己へと帰属するのが実感できないことになる。

　したがって，神経解剖学的仮説は，これらすべてに共通する脳のメカニズム（紡錘状回と扁桃体の連結障害，特に扁桃体のトラブル）として統合的に捉え

ることができるのである。

　ただ，筆者は，この神経解剖学的仮説を支持していない。その最大の理由は，私たち人間の相貌認知にかかわる脳の部位は，視覚認知にかかわる二つの経路にこそあると考えたからだ。私たち人間が眼前に見ている他者・モノ・風景等々は，脳が「表象（意識）」によって過去に記憶したものを再現前化したものにすぎない。緑内障で目には見えない風景の一部が脳の補正によって見えているとか，昔聞いた歌が懐メロとして鮮明に残るのは，脳が聴覚のスペックの最良時に出会った歌を記憶しているからとか，私たち人間にとって脳が及ぼす影響は計り知れない。ラマチャンドランらが，重点を五感や前頭前野に置く，すなわち扁桃体とリンクするのはあくまで前頭前野であるのに対して，筆者は重点を頭頂葉や側頭葉に刻まれた視覚や聴覚等にかかわる記憶（脳に記憶されたもの）に置いている。その結果，次に挙げる二つ目の仮説を支持するに到った。

　筆者が支持する仮説は，ソジーの錯覚を相貌失認との比較によって捉えるH.D.エリスらによる「相貌失認の鏡像」仮説［Ellis, Lewis, 2001：149-156／Ellis, Young, 1990：239-48］である。エリスらによると，私たち人間の相貌認知について，前述した腹側視覚路が，意識的な相貌認知に関与するのに対して，背側視覚路は，無意識的な相貌認知に関与する。つまり，腹側視覚路／背側視覚路は，意識／無意識と対応している。さらに，腹側視覚路は，他人の相貌（顔かたち）を正しく認知するという情報処理に関与する。これに対して，背側視覚路は，馴染みのある親密な他者，いわゆる既知の相貌を無意識に親しみをもって感知するという情報処理に関与する。その意味では，腹側視覚路／背側視覚路は，認知／情動・感情に対応している。

　総じて，腹側視覚路／背側視覚路は，意識的な認知／無意識的な情動・感情に対応していることになる。腹側視覚路／背側視覚路という脳における視覚認知の経路については，すでに述べたように，私たち人間の世界へのかかわり方の根本的な認識仕方へと拡張できるが，相貌認知についても，関与している。

　ところで，相貌失認とは，人の顔は見え，見ているものが人の顔であること

22

は認知できるにもかかわらず，その人の顔を見て誰であるかが識別できない病理である。つまり，相貌失認においては，背側視覚路が正常に働くことで他人に対して親しみを感知することができるが，それゆえ認知することができなくても親しみの情動・感情をもって思い出そうとするが，腹側視覚路の損傷のため，その相貌を識別することはできない。相貌失認では，以前に知り合った人の顔もしくは関係のあった人の顔，すなわち既知の相貌を見ても，それが誰なのかを認知（識別）することができないのである。

　これに対して，ソジーの錯覚とは，患者が身近な人物を瓜二つで特徴がよく似ているが，偽物である（「瓜二つの他人の出現」）と誤認する病理である。つまり，ソジーの錯覚においては，腹側視覚路が正常に働くことで身近な人（の相貌）そのものを正しく認知することができるが，背側視覚路の損傷のため身近な人（既知の相貌）に対して無意識的に親しみが感知されなくなるのである。ソジーの錯覚の症状が患者にとって深刻なのは，既知の相貌，それも配偶者や親や友人が「瓜二つの偽物」だと「感知」されることである。ここで重要なことは，ソジーの錯覚の患者が既知の相貌を本物によく似た偽物であると「失認」もしくは「誤認」したのではなく，そのように「感知」したという点である。普通，「感知」とは，「感じること」もしくは「心で感じること」である。つまり，ソジーの錯覚の患者が既知の相貌に対して，親密感や親近感を感じない，言い換えると，情動・感情という思いが入らないのである。だからこそ，患者は眼前に居る人物を身近な人物（たとえば，妻）だと識別することができても，「でも，妻とよく似た別人だ」と思ってしまうのである。

　以上，エリスらの学説によると，ソジーの錯覚とは，患者は眼前に居る親密な他者，すなわち既知の相貌を正常に作動する腹側視覚路によって正しく情報処理することができるにもかかわらず，背側視覚路の障害によってこの親密な他者（既知の相貌）に対して無意識に親しみが感知されなくなる相貌認知の病理だということになる。ソジーの錯覚の患者が親密な他者が「本物でない」証拠や「偽物である」証拠を挙げたり，そのことに関心を示さなかったりするの

は，相貌認知に意味を付与するところの情動・感情が随伴しないことに何となく違和感を感じているためである。つまり，既知の相貌を認知することができても，それに思いがついて行かないだけなのである。したがって，ソジーの錯覚の場合，患者によって偽物だと誤認された身近な他者（対象者）はどこかへ行ってしまったわけではなく，患者の眼前に居る。患者は，眼前の対象を正しく認知していても，認知に情動・感情（思い）が追いつかないだけなのである。裏を返すと，私たちは，既知の相貌（特に，身近な人物の顔）を，いかに親しみの感情をはじめ，情感・感情をもって見ているかがわかる。

Intermezzo.2　「再提示＝表象」としての学校空間をめぐる問題

　教育学者の広田照幸は，著書の中で K.モレンハウアーが「提示（Präsentation）」と「再提示もしくは代表提示（Repräsentation）」という概念を用いながら，「学校空間の特異さ」［広田照幸，2019：129-130］を説明している，と述べている。モレンハウアーのことはさておき，広田は彼の考え方に賛同しているからこそ，この二つの概念を用いているのである。彼らは現在に及んでも，学校空間が子どもの生活や経験からかけ離れた仮想現実（ヴァーチャル空間）だということを強調したいのである。
　この点について広田は次のように述べている。
　「学校がなかった時代，子どもたちは大人に混じって生活する中で，いろいろなことを直接経験し，学んで成長した。大人とともに過ごす生活それ自体が，学習であった（提示）。
　しかし，学校では，大人の生活それ自体からは切り離され，代わりに，子ども向けに加工された世界（カリキュラム）が子どもに対して提示される（再提示）。ラテン語であれ，近代科学であれ，子どもが暮らす日常生活の中にはないものが，学校を通して学ばれるのである。この意味で，学校はそもそも「仮想現実」の空間である。」［同前］，と。

24

　また，広田は，モレンハウアーの「提示」と「再提示」を，J.デューイの「間接的教育」と「制度的教育」に対応させつつ，「再提示」もしくは「制度的教育」が危険であることを指摘する。

　さらに，広田は，いま指摘したことを，同じ考え方に立つと推測される田中智志のデューイの考え方へとバトンをつなぎ，学校のカリキュラムの特徴を，「一般性」，「専門的な分化」，「論理的な形式化」といった三つの問題点へと集約させる。

　興味深いことに，広田はこれら三つの問題点を子どもの声という形で示している。

　「一般性」については，「オレの生活に関係ないぞ！」であり，「専門的な分化」については，「バラバラで細かな知識が，いったい何の役に立つんだ！」であり，「論理的な形式化」については，「一方的で不愉快だ」である（三つの目については長いので一部を省略した）。

　筆者が，モレンハウアーの「提示／再提示」という対立概念を用いながら，「学校空間の特異さ」を指摘するとともに，その解決の方途をデューイの「間接的教育」，すなわち子どもの日常の経験や知識を埋め込んだ教育（生活教育）に求める教育言説をどうして取り上げたのかというと，その理由は次の通りである。

　まず，モレンハウアーの「提示／再提示」は，本書で筆者が捉えてきた「行動／意識」もしくは「行動／表象」に符合する。とりわけ，「再提示」がドイツ語の「Repräsentation」であることから，すでに述べた，「表象」の特徴，すなわち世界の外側にあるものを像（イメージ）として内的に構成することで「再－現前化」することに符合する。つまり，「再提示＝（表象による）再－現前化」なのである。

　「再－現前化」は，私たち人間が内面の中で構成（再構成）した世界であるが，それを学校そのものに適用（＝投射）した場合，子どもが日常の中で経験したり知識を学んだりしたものを学校の中で内的に構成したものもしくはそれ

25

を体系化したものだということになる。学校空間は、「表象」による再－現前化よろしく、子どもの日常経験を二次的加工しつつ、構成（再構成）したものなのである。それが、「学校空間の特異さ」なのだ。

　以上のことからすると、「学校空間の特異さ」は、私たち人間が有する「表象の特異さ」であると考えられる。筆者は、人間には「行動」と「表象」という二つの世界了解の様式があり、誰がどれほど否認しようとも、「行動」と「表象」は私たち人間を規定するものであることについて述べてきた。特に、「表象」は批判の対象となることが少なくないが、「表象」を事物の認識仕方とする「意識」は、私たち人間にとって不可欠なものである。

　したがって、私たち近代人が「表象（意識）」を事物の認識仕方とすることが必然だとすれば、それを学校空間へとプロジェクトすることは、必然的ではなかろうか。

　ではここで、まったく異なる捉え方をしてみたい。

　それは、デューイらのように、子どもの日常の経験や知識を「間接的教育」という形で取り入れ、生活学校空間を創造するという選択肢である。実際、生活学校空間は、児童中心主義に基づくフリースクールとして作られてきた。ここで「間接的教育」というのは、子どもの日常の経験や知識、もっといえば、子どもの興味や関心に基づく事物や事柄をそのままではなく、加工した上で、生活学校のカリキュラムを作り出すことを指す。この場合、「間接的教育」が「提示」に対応するとみなされるが、それは、詭弁ではないのか。繰り返すと、たとえ、生活学校が子どもの興味や関心に基づく経験や知識を元にカリキュラムを構成するとしても、その構成法はあくまで、「表象（意識）」ではないのか。その構成法を「再提示」ではなく、「提示」と捉えること自体、矛盾なのだ。

　子どもの興味や関心に基づく経験や知識をそのまま、生活学校のカリキュラムにすることができない以上、どれほど、子どもが求めるものを忠実にカリキュラムとして構成しても、それは、「再提示」であり、「表象」であるにすぎないのではないか。「間接的教育」と「制度的教育」との違いは、果たしてどこ

26

に求められるのか。筆者からすると，「間接的教育」と「制度的教育」は大した違いはないように思われる。

　以上述べてきたように，子どもの興味や関心に基づく経験や知識をあるがままに生活学校のカリキュラムとすることが不可能であり，「表象＝再提示」を介するしかない以上，一歩譲って，「制度的教育」ほどではないとはいえ，大人によって二次的に加工されたものでしかないのである。だからこそ，デューイは正直に「間接的教育」と呼ぶのだ。ただ，「間接的教育」がモレンハウアーのいう「再提示」ではなく，「提示」であるという根拠は乏しい。むしろ筆者は，私たち近代人が「表象」を事物の認識仕方とする以上，学校のカリキュラムおよび学校空間を二次的に加工・構成せざるを得ないことを真摯に認めた上で，子どもからみて最悪のものを作ることだけは避けたいと考えている。ここではこれ以上の論述を避けるが，そうしたものを実現するためには，教師と子ども，子ども同士が教材を通してかかわり合う授業実践（という学校空間の最小単位）において，相互に活性化し得る「作品」を日々生成する機会を模索するしかないと考えている（こうした授業実践のあり方については，オープンダイアローグ［＝声たちのポリフォニー］を手がかりに，授業実践の最中にシンローグ［協話］もしくは共同制作［連］を生成することを試みた著書を近く上梓する予定である）。

　以上，モレンハウアーおよびそれを支持する教育学者による「近代学校」批判とはすなわち，屈折した形の「表象」批判にすぎないのである。

Ⅱ．認識論の転回契機としてのプロジェクション
——認知科学からの問題提起

　Ⅰ章で述べたように，筆者は，世界了解の様式が視覚認知の二つの経路（腹側視覚路／背側視覚路）を起源または発端に，二つの世界了解の様式が駆動されて，その二つが「行動」と「意識」であることに言及した。一見，信じ難いことであるが，私たち人間はたとえば，自転車に乗る，コーヒーを淹れる，服を着る等々，何らかの行動（＝非言語，非記号的な行動）をするときは，動物と同じく，背側視覚路を起源とする非「表象」的な行いをしているのに対して，たとえば，自転車に乗っている最中に「ここを左折しようか」と考える，会話をする，計算する等々，何らかの言語的，記号的な行為（言語や記号を介在した行為）をするときは，人間固有の，腹側視覚路を起源とする「表象」的な行いをしているのだ。また，自転車の例でいうと，私たちは（ただ漫然と）自転車に乗っているときの行いは「行動」であるが，その最中に「ここを左折しようか」とか「止めて休もうか」というように，言葉（この場合は，つぶやきや内言）を介した行いをした途端，それは「意識」となる。そしてまた，自転車で左折したり止めたりした途端，それは「行動」となる。このように，私たちはごく普通に「行動」から「意識」，「意識」から「行動」，そして，「行動」から「意識」……へと常時，何もなかったかのように，こうした一連の非連続の行いを自然に切り替えているのだ。ただ，何度も強調するように，「行動」から「意識」へ，「意識」から「行動」への切り替えにおいては，分離・切断があるのだ。

　このように，私たち人間の視覚認知の二経路を起源（発端）とする，「行動」と「意識」は，まったく異なる世界了解の様式であるとともに，まったく異なる認識仕方でもあるのだ。したがって筆者は，認知

科学が提起する，「プロジェクション」概念による認識論の刷新（転回）を受けとめるにあたって，この二つの異なる認識仕方である「行動」と「意識」を——系列毎に述べると，「行動系」と「意識系」——をベースにしたい。認知科学が提起する認識論の刷新が「プロジェクション科学」の構築および進展にあることから，認知科学における「プロジェクション」概念は，筆者のいう「意識系」に対応していると考えられる。つまり，認知科学における「プロジェクション」概念は，意識的，意図的な投射（プロジェクション）へと収斂する。そのことは，認知科学が科学を目指す以上，致し方ないことである。

　では次に，認知科学における「プロジェクション」概念が，「表象」（内部表象）に関与する意識的，意図的プロジェクションであることを踏まえた上で，その現代的意義について述べることにしたい。

1．プロジェクションとバックプロジェクション

　筆者が専門とする人間諸科学をはじめ，すべての学問分野は，何らかの認識論を前提にしつつ，個々の対象を捉えてきた。ここで認識論というのは，各々の学問分野において対象をどのように認識するのかについての考え方や捉え方のことである。どの学問分野においても，観測者，観察者，当事者等々というように，名前こそ異なれ，いわゆる主体もしくは主体と呼ぶようなものが，事物・他者，現象・事象等々といった対象をどのように捉えるのかが必ず問題になる。その典型は，主体と対象あるいは主体と客体を対立的に捉える二元論的な認識論である。これに対して，主体と対象（客体）を融合的に捉える一元論的な認識論がある。また，主体と主体の場合であれば，両者が生成してくるところの「あいだ」から捉えられる「間主観的な」もしくは「間主体的な」認識論も存在する。

　こうして，従来，さまざまな認識論が展開されてきたわけであるが，これまでの認識論に共通する問題点について指摘されることは皆無であった。ところが近年，認知科学の分野から従来の認識論を根本的に捉え直す考え方が提示された。それは「プロジェクション」という捉え方である。鈴木宏昭は，日本認知科学会編集の専門誌『認知科学』（特集「プロジェクション科学」）の論文の冒頭で次のように述べている。

　「人間は，外界から入力情報を受け取り，それに対して処理を行い，その処理結果に基づき行動を行っていると捉えるのが，認知科学の基本的なスタンスである。しかしこれはコインの片側に過ぎない。人は処理の結果を世界の中に位置づけ，それが実在している，あるいは実在しているはずだと考え，行動するというサイクルを繰り返している。本論文では，この内部処理の結果を世界に位置づける心の働きをプロジェクション（＝投射）と呼ぶ。」［鈴木宏昭，2019：52］，と。

　また，嶋田総太郎は，日本認知科学会編集の単行本『頭の中の自己と他者』の中で，前述した鈴木の論文を踏まえつつ，次のように述べている。

　「プロジェクション（投射）とは，将来の人間の認識モデルである，「感覚→知覚→認識」という処理の流れに対して，内部表象を外部の対象に対して投射することで世界を認識するという逆向きの処理の流れを強調する考え方である。ここで内部表象は必ずしも外の世界の正確なモデルである必要はなく，対象についての個々人の持つ内的イメージである。

　従来，「知覚」や「認識」は（大まかに言えば）受け身のプロセスであると考えられてきた。すなわち，外界からの上昇を感覚器が受け取り，それを脳が処理して意識や行動へと引き渡すという処理の流れである。この場合，外界からの情報が脳内の「表象」を賦活させると考える。プロジェクションの場合には，自らの内の表象が先に賦活し，

それを外界へ「投射」することによって世界を経験する。」[嶋田総太郎，2019：259]，と。

　以上，日本の認知科学会を牽引する二人の専門家によるプロジェクション科学についての言明を長々と引用・敷衍してきたが，あえてそうしたのは，それらが従来の認知科学を刷新するものにとどまらず，前述した認識論全般の再編に寄与する考え方だからである。

　まず，この時点で確認することができるのは，従来の認知科学および認識論が環境からの刺激・情報を主体が感覚（五感）や体性感覚を通して受け取り，それを脳が情報変換・処理して行動を起こしたり，意識が認識したりする受動的もしくは受け身的なものであったのに対して，認知科学および認識論の転回契機としてのプロジェクション（科学）は，自らの内の「表象」が外界へと投射することを通して世界を認識するもしくは意味づけるものだということである。新しい認知科学および認識論は，主体（内部）が外部の対象へとアクティブにプロジェクトするものだと捉えるのである。

　嶋田は，このような「自己から世界へ向かうアクティブなプロセス」［同前］のことを「プロジェクション」と呼び，従来の「認識」と対比させつつ，図式化している［同前：260］。それは，**図1（次ページ）**のように示される。

　さらに，嶋田は，「プロジェクション」に関連して，プロジェクトする主体がプロジェクトした対象から「逆に」影響を被ること，すなわち主体自身が変化を与えられることに言及している。つまり嶋田は，主体の内部から外の環境へというプロジェクションに対して，「環境から主体へというフィードバック情報の取り込み」［同前：265］を重視し，それを「バックプロジェクション（逆投射）」［同前］と規定している。すなわち，「プロジェクションはサイクルとしてのプロセスだと考えなければならない。実際に，投射した対象の状態がむしろ逆に主

32

体内部の状態を変化させる「バックプロジェクション（逆投射)」と呼ばれる現象も報告されている」[同前]，と。筆者からすると，プロジェクション（投射）を認めるのであれば，バックプロジェクション（逆投射）を認めることにやぶさかではない。

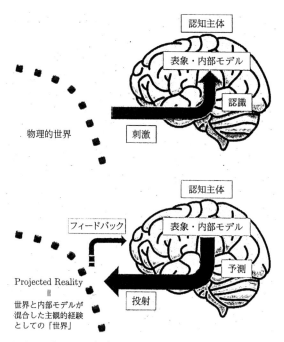

図1　従来の「認識」（上）と「プロジェクション（投射)」（下）

　以上，従来の認識論に代替するプロジェクションおよびバックプロジェクション，そして，それに基づく認知科学の刷新の核心部を鈴木と嶋田の引用を通してみてきた。あらかじめ述べると，筆者は，認知科学の立場から提起された，これまでの「プロジェクション」概念と理論について共有することができるにもかかわらず，プロジェクションに関係する次の概念群とその考え方については必ずしも共有するこ

とができないでいる。

　その概念群とその考え方とは，筆者からすると，本来，「投射（プロジェクション）」は，意識的／無意識的の区別を唯一の例外として，本来，分類することができないにもかかわらず，「プロジェクション」概念を，正規の「投射」，「異投射」，「虚投射」といった三つに分類したこと，また，そのことに関連して，プロジェクションを裏づける現象を，ラバーハンド実験やミラーニューロンの知見等々の求めたこと，である。なぜ，これらの知見を共有することができないかについては，後で詳述するが，ここでは，前者については，プロジェクションが脳神経および視覚認知由来の事象であることから，人間サイドで分類することができない，あるいは恣意的に分類すべきでないと述べておきたい。また，後者については，プロジェクションは私たち人間が日常の文脈において自然になされる認知行為もしくは認識行為なのであって，実験などの人工的な文脈においてなされるそれ（ら）ではないと述べておきたい。

　ところで，プロジェクションについて筆者は，こうした認知科学におけるプロジェクション科学の動向を知る以前に，認知意味論を通して乳幼児をはじめ人間が発達初期の段階で形成された「イメージ・スキーマ」（という前概念）を外の環境へと投射したり，また，そのイメージスキーマを文化的領域へと隠喩的に投射したりすることについて論述したことがある［中井，2013］。むしろ，プロジェクションとは，何を置いてもまず，人間が初期発達の段階で内部から外の環境へ向けて自然に（＝無意識的に）プロジェクトするイメージスキーマではなかろうか。

　また一方，人間諸科学に目を向けると，従来，精神分析においてはプロジェクションが心理的防衛機制の一つである「投影（投映）」と捉えられてきた。精神分析では専ら「投影」という概念が用いられるこ

34

とから，それをプロジェクションと捉えることは稀であるが，プロジェクション科学を志向する限り，「投影」は避けることができないはずである。なお，教育人間学の分野では，M.J.ランゲフェルドが精神分析の「投影」を批判するとともに，それに代替するものとして「投射（プロジェクション）」を用いてきた。この場合の「投射」は，M.ハイデガーの「投企（Entwurf）」を射程に入れている［中井，2015］。

　これらについてはⅣ章で詳述することにして，認知科学におけるプロジェクション科学の中で，前述したように，筆者が共有することができないでいる概念群とその考え方について述べておくことにする。

２．プロジェクション科学の射程——実投射・異投射・虚投射

　まず，鈴木らは，「プロジェクション（広義）」を，正規の「投射」，「異投射」，「虚投射」というように，三つに分類しているが，それを敷衍したい。筆者は，正規の「投射」のことを「実投射」と呼ぶことにしたい（このネーミングによると，「投射（広義）」は，「実投射」，「異投射」，「虚投射」といった三つに分類されることになる）。

　鈴木は，投射の三つのタイプを「ソース」と「ターゲット」の組み合わせから整理しているが，それを示すことにする［鈴木宏昭，2019：58］。なお，**表1**は，鈴木の投射概念の説明を筆者が改訂・付加したものである。

表1　投射のタイプ

	ソース	ターゲット	具体例
実投射	実在の対象	ソースと同じ対象	通常の知覚
異投射	実在の対象	ソースとは異なる対象	ラバーハンド錯覚
虚投射	なし（脳の状態）	想像上の対象	幻覚

35

表1に示される「ソース」とは,「外界からの情報を発する事物」[同前：57]であり,「ターゲット」とは,「ソースが提供する情報を処理し,表象＝内部モデルを構成」したものを「世界の特定の事物に投射する」先のことである。鈴木は,ソースとターゲットをわかりやすく説明するために,M.ポラニーの暗黙知理論を援用する。暗黙知理論とは,私たちは感知したことを「近接項」としながら,感知したことをもたらした実在である「遠隔項」を知覚したり認知したりするものである。鈴木によると[同前],「表象（内部モデル）」が「近接項」であり,「ソース」と「ターゲット」が「遠隔項」に対応するという（この場合,「表象」および「近接項」は暗黙化されて,主体には意識化されない）。

　しかしながら,暗黙知理論に基づく説明は,正しいといえるのであろうか。筆者が暗黙知理論を用いて,表1を説明するとするならば,「ソース」を刺激としながら生成される「表象」が「近接項」であり,その「表象」の投射先が「ターゲット」であると捉える。たとえ,「近接項」に相当する「表象」が暗黙化するとはいえ,ここであえて「表象」形成の材料となる「ソース」を持ち出すのは,論理的に奇っ怪である。「ソース」という概念自体は不要なのだ。

　では,筆者が表1を含め,投射のタイプについてどのように考えるかというと,それは,こうした分類そのものが成立し得ないということである。結論から述べると,筆者は,投射そのものを分類することは無意味もしくは不必要だと考えている。理由は次の通りである。前述したように,「ソース」とは,表象（内部モデル）を形成する材料となるものであるが,それが三つの投射の定義および表1のように,「実在の対象」もしくは「なし」というように,規定することができるのかというと,それはできないと判断せざるを得ない。むしろ,表象（内部モデル）を外へ向けて投射する場合の,表象が実在的なもの／非実

在的なものといった区別をすること自体，ナンセンスなのであって，表象はさまざまなものが混淆されたものと考える方が妥当であろう。誤解を恐れずにいうと，私たちが「表象」を外へと投射する場合，「表象」は想像的なものの比重が圧倒的に多いのではなかろうか。むしろ，現実というものは，文字通りの意味での事実と虚構が綯い交ぜになっているのだ（芸術の世界では，事実と虚構のあいだにあることを「虚実皮膜」と呼ぶ）。

　よくよく考えれば，鈴木が挙げる「実投射」の典型が知覚であり，（それが）目に見えるものが見えるというのはトートロジーなのであって，あえてこうしたものを投射と呼ぶ必要はないと思われる。どうして，「実投射」の典型が「知覚」になったのかというと，それは，投射を意識的，意図的レベルで捉えようとしたからである。実は，暗黙知理論では，感覚や知覚を捉える事例が少なくない。というのも，暗黙知理論自体，無意識的，無意図的な知識の生成プロセスを説明したものだからである。

　筆者が述べたいのは，投射を意識的，意図的に捉えようとすれば，矛盾が生じてくるということである。つまり，投射をⅠ章で述べたように，認識を大きく「行動系」と「意識系」という二つに分けた上で，「行動系」における投射と，「意識系」における投射を捉えることしかないのである。後述するように，プロジェクション科学の構築と進展を目指す認知科学は，科学であることを本分とすることから，「意識系」における投射にのみ焦点を当てることは致し方ないが，それならば，「意識系」における投射にもっとふさわしい事例があると考えられる。ここではその典型として，「前理解の自己投出＝投射」を挙げておきたい（「前理解」については，Ⅳ章で詳述する）。

　以上のように，筆者からすると，「行動系」における投射と，「意識系」における投射という二つのプロジェクションが存在し得ること，

しかも、「意識系」における投射において主体の内部に想定される「表象」は、ただ「表象」そのものであって、それが実在的なもの／非実在的なものという材料から形成されるわけではない。ここで「表象」はただ「表象」そのものであるというのは、トートロジーとか言い逃れではなく、「表象」の力、正確には「表象」が人間に与える影響の絶大さを強調するためである。見方を換えれば、認知科学におけるプロジェクション科学の構想は、「表象」を内部モデルだとして過小評価している。「表象」は、内部モデルへと還元することはできない。それは、認知科学が「表象」を過小評価していることから帰結する大いなる錯覚である。「表象」は私たち人間にとって途轍もない影響を与えている。私たち人間は「表象」なしには、人間らしい行いを何らすることはできないのだ。

　ただ、鈴木の**表1**を用いて捉え直すとすれば、私たちは、内部の表象（＝近接項）を手がかりに、ターゲット（＝遠隔項）を捉える、となる（ただ、暗黙知理論は、筆者のいう、「行動系」における投射を説明するものであって、「意識系」における投射のそれではない）。

　次に、鈴木らは、「プロジェクション」の事例をラバーハンド実験やミラーニューロンの知見等々に求めているが、それについて言及したい。

　実は、前述した投射の三分類および**表1**は、ラバーハンド実験などのように、人工物を「ターゲット」とするとき初めて、有用になってくる。筆者もまた、幻肢研究の一環として初歩的なラバーハンド実験を試みたことがある。簡潔に述べると、被験者（この場合は両手のある普通の人）が、ラマチャンドランの鏡箱に右手を挿入し、そのとき鏡に映った想像上の左手（実際には右手）を見ている状態で、鏡箱に入れた本物の右手の指や掌が刷毛で触られると、左手が触れられている感じがするという。ラマチャンドランの鏡箱の場合は、片手（の指

や掌）を失い，幻肢痛を感じる人の治療の場合，正常な手を刺激されると，本来ないはずのない，鏡に映った手が触れられていることを感じることで，幻肢や幻痛が消去されたり改善されたりするといわれている。つまりそれは，彼らに切断して失った手や腕が実際，そこにあるかのように錯覚させることによって，視覚情報を脳へとフィードバックさせることで幻肢痛を緩衝するという治療法なのである。

　こうした現象は，「異投射」によって説明可能である。つまり，本来，手がないことによって痛みを感じることのないはずのニセの身体を鏡によって実在するのだと錯覚させることで治療するわけである。

　このように，かなり特殊な文脈においては，異投射という概念は成り立つようにみえる。ただ，裏を返せば，異投射や虚投射は，人工物を用いた不自然な文脈においてしか立ち現われないのではなかろうか。では，異投射がこのように，限られた実験の文脈においてのみ成り立つのかというと，それは，表1のように，「ソース」を「実在の対象（たとえば，本物の手）」，「ターゲット」を「ソースとは異なる対象（たとえば，ニセモノの手）」としているように，あらかじめ，「ソース」と「ターゲット」を異なるものと設定しているからである。穿った見方をすれば，ラバーハンド実験を明確に捉えるために，プロジェクション，特に異投射を導入したのではないかと思われる。初めに，「ソース」と「ターゲット」がありき，なのである。こうなるのも，プロジェクション科学が，認知科学が行ってきた実験やその成果をプロジェクションという概念に落とし込んだからである。

　つまるところ，プロジェクション科学は，プロジェクションを意識的，意図的なものへと限定するだけでなく，人工物を介した実験という特殊な文脈において成り立つことを前提としている。もっといえば，認知科学におけるプロジェクションは，プロジェクション科学であっても，日常世界に見出されるプロジェクションを無視しているのだ。

プロジェクション科学は，筆者のいう，「意識系」における投射の中に包摂されるかもしれないが，「意識系」における投射の中には私たち人間にとってもっと重要でかつ頻繁になされている投射がある（それは，Ⅳ章で述べる「因果律」や「前理解」のプロジェクションである）。

　では次に，認知科学におけるプロジェクション科学の構築を認識論的に評価しつつも，そのプロジェクション科学が最初から研究対象に入れてこなかった，日常世界におけるプロジェクションについて次に述べることにする。その論述にあたっては，「行動系」における投射と，「意識系」における投射の二つに分けて論述することはいうまでもない。まずは，「行動系」における投射について詳述することにしたい。

Intermezzo.3　イメージの階層 —— 意識系から行動系へ

　ところで，私たちは日常，意図的に行動するとき，必ずイメージを用いる。たとえば，運動したり朗読したりするとき，文脈に合った意図やプランを頭の中で思い浮かべた上で，そのプラン通りに行動に移すことが少なくない。この場合，意図やプランを実行に移すときに必要なものこそ，頭の中で思い浮かべる何らかのイメージである。習慣のように，無意図的もしくは無意識的にイメージを介在しない行動はさておき——筆者のいう「行動」——，意図的な行動において私たちは常に頭の中に何らかのイメージを作り出し，それを利用しているのだ。

　このように，イメージは意図的な行動を引き起こす原動力（インセンティヴ）となる。しかも，あらかじめ頭の中で作られたイメージは，意図またはプラン（ルール）として作動することで，記号変換・処理過程に影響を及ぼす。私たち人間がどのようなイメージを用いるかが情報処理後の行動を決定することからすると，イメージについて考えることは重要であるといえる。

　裏を返すと，私たちが日常的に事物を認知するに及んでイメージをともなわ

ない活動は皆無である。それほど，私たちの認知活動にはイメージが介在しているのだ。そのことを，「椅子」で例示してみたい。

　まず「椅子」とはひとつのモノの名称であり，記号である。すなわち，モノに付与された記号的ラベルである。記号的ラベルにはイメージはともなわない。こうした記号的ラベルのイメージのことを「ラベル的イメージ」（端的に，「ラベル」）と呼ぶことにしたい。これは，明示性によって構成される純粋な概念にほかならない。

　ところが，私たちは「椅子」をラベル的イメージ（ラベル）として習得してきたわけではない。「椅子」というラベル的イメージ（非イメージ的表象）の下層には，「椅子」について私たちに共通するイメージが存在する。「椅子」といえば，私たちは「腰をかける道具」とか「家具」というようなイメージを持っている。こうしたイメージとは，私たちに共通する言語的イメージである。一般的に，定義は，言語的イメージによって行われる。

　ところが，私たちは「椅子」を言語的イメージとして一般的に捉えているわけではない。私たちにとって「椅子」といえば，言語的イメージとしての一般概念としてのそれではなく，まず何よりも「自室の椅子」であり，「教室にある自分の椅子（席）」である。つまり，私たちは通常，「椅子」を具体的な個別性において捉えている。そのときのイメージとは，言語的イメージのより下層にある形象的イメージである。形象的イメージはアナログ的なものである。しかも，このイメージは，心的操作実験（または，心的回転実験）によってその存在を確証することができる。たとえば，「自室の椅子」のイメージを思い浮かべた上で，「頭の中」でそれを食卓へと移動させたり，「その椅子」に誰かを座らせたりしてみる。もし，こうした心的操作ができるとしたら，このイメージは，「椅子」を具体的な個別性において思い浮かべる形象的イメージ（「私の椅子」，「太郎の椅子」……）だということになる。試しに，言語的イメージとしての「椅子一般」を操作しようとしても，それは不可能なのである。

　このように，言語的イメージ（デジタル的なもの）と形象的イメージ（アナ

ログ的なもの）との差異および区別は，モノを心的に操作できるか否かにあることがわかる。繰り返すと，言語的イメージがモノを一般性において抽象的に捉えるのに対して，形象的イメージはモノを個別性において具体的に捉え，そのイメージしたものを自由に操作することができる。とはいえ，言語的イメージと形象的イメージは混同されることが少なくない。ここまで述べてきた三種類のイメージをイメージ階層表（表2）として示すことにしたい。

表2 イメージの階層性（認知心理学による分類）

	イメージレベル	特　質	例（椅子）
A	(a)ラベル的イメージ		ラベル・「椅子」
B	(b)言語的イメージ	視覚的	腰掛けるモノ
	(c)形象的イメージ	イメージ	自室の椅子など

　イメージについて整理すると，表2に示されるように，抽象レベルの高い順序から，「ラベル的イメージ」，「言語的イメージ」，「形象的イメージ」といった三つのイメージとなる。これら三つのうち，「ラベル的イメージ」は単なる概念，すなわちモノに付けられたラベル・指標（インデックス）である。いわゆる「ラベル的イメージ＝言葉・概念」なのだ。そして，イメージ論争の対象となった「言語的イメージ」と「形象的イメージ」であるが，視覚と言語は，現実の状況から離れてモノを対象として固定的に捉える高次の機能を有することから，表2のように，「視覚的イメージ」と一括りにすることができる（心理学におけるイメージ論争ならびにこの解説については，著書［中井，2019]で詳述したことと，本書の目的とは関係がないことから省略する）。
　ところで，表2に示したイメージは，(a)ラベル的イメージを除くと，あらかじめ説明することのできる，いわゆる「表象」と呼ばれるものである。ところが，現時点において表2にリストアップされていないイメージが複数ある。それらは，何らかの身体活動によって初めて生成されてくるイメージである。そ

42

れは，最低二つ存在する（ここで「最低二つ」というのは，未だ発見されていないイメージが想定されるからだ）。

こうした二つのイメージについて順次，論述すると，一つは，「(d)前形象的イメージ」もしくは「(α)求心的，身体感覚的イメージ」であり，それは，「内」にイメージを作り出し，その内的イメージを求心的に高めていくものである。この類いのイメージは，「～になる」，たとえば「コンドルになる」，「卵になる」等々，「になる」実践とは，主体が自らの内部感覚を「になる」対象の内部感覚と一致するように，意識を内に向けて集中していくことを原理とするものである。そのことはまた，求心的な身体感覚を研ぎ澄ますことである。この類いのイメージを「椅子」で述べると，それは，「椅子らしさ」となろう。

もう一つは，「(e)身体表象」もしくは「(β)遠心的，身体感覚的イメージ」であり，それは，「外」にイメージ（仮想）を作り出し，それを活用するものである。この類いのイメージを「椅子」で述べると，たとえば 172cm の私を座るようにアフォード（誘導）してくる机（の表面）や場所ということで，「座るようにアフォードするモノ」となる。これが，150cm の人物であれば，その机はやや高すぎて座るようにアフォードすることはないであろうし，反対に，190cm の背の高い人物であれば，教壇（の表面）のように，もっと高いところが座るようにアフォードするであろう。モノ・場所と人物（の属性），たとえば真っ平らで柔らかいモノ・場所と人物の身長が，マッチングするところに──人間工学で実証されるような精度において──，その人物にとって座るべきところやモノが確定してくるのだ。

これら二つのイメージに共通しているのは，何らかの実践（授業実践や臨床実践など）によって固定的なイメージを内破し，イメージの〈外部〉へと超え出ていくことである。この二つのイメージを加えて補正した，イメージの階層を示したものが**表 3**（**次ページ**）である。新たに加えたこの二つのイメージを**表 3** では太線で囲んでいる。

以上，**表 2** から**表 3** へとイメージの階層表を改訂してきた。まとめると，**表**

43

2では，いわゆる「表象」としてのイメージが主に示されているのに対して，表3では，「表象＝イメージ」に加えて新たに，「表象」以外のイメージとして，身体感覚的なイメージ，すなわち求心的なものと遠心的なものという二つのイメージが「表象」の下層に位置づけられている。この二つは，あらかじめ「表象」として人間の主体の内部にプランとして措定されたものではなくて，主体が環境とのかかわりを通して初めてその都度生成するところのイメージなのである。誤解を恐れずにいえば，この二つは，非イメージ的なイメージ，すなわち非「表象」としてのイメージなのだ。こうした類いのイメージの主役は，触覚および体性感覚である（とはいえ，視覚や聴覚が介在している）。また，こうした非「表象」としてのイメージは，授業実践や臨床実践などの現場から生成されてくるものである。

表3 イメージの階層性（※表2の再編／Cの追加）

	イメージレベル	特　質	例（椅子）
A	(a)ラベル的イメージ		ラベル・「椅子」
B	(b)言語的イメージ	視覚的	腰掛けるモノ
	(c)形象的イメージ	イメージ	自室の椅子など
C	(d)前形象的イメージ	(α)求心的，身体感覚的イメージ	椅子らしさ
	(e)身体表象	(β)遠心的，身体感覚的イメージ	座るようにアフォードするモノ

　以上のことから，表2は「表象」としてのイメージであり，それは筆者のいう「意識系」および「意識系」における投射に対応している。これに対して，表3で初めて加えられた，非「表象」としてのイメージもしくは身体感覚的なイメージ（非イメージ）は，筆者のいう「行動系」および「行動系」における

投射に対応している。「行動系」において投射されるイメージ（非イメージ）
は，身体感覚的かつ無意識的なものであり，アフォーダンス理論に通底するも
のである。

　興味深いことに，認知科学分野において表象主義を批判する状況主義（非表
象主義）の立場からは，**表3**のC，特に「(e)身体表象」もしくは「(ß)遠心的，
身体感覚的イメージ」が重視される。このイメージは，まさにアフォーダンス
そのものであり，「行動系」における投射の典型なのである。

　不思議なことに，イメージの階層は，まず，「表象」（「意識系」および「意
識系」における投射）を中心に作成されたが，「表象」だけでは示すことがで
きないそれ以外のイメージが，「表象」の下層に見出されたわけである。その
ことは，「意識系」を突き詰めていけば，「意識系」では捉えることのできない，
人間と動物が共通する「行動系」に行き当たることを意味する。それは，非イ
メージ的なイメージから成るのである。

Ⅲ. 行動系における無意識的プロジェクション
──イメージスキーマの原初的投射と文化的領域への隠喩的投射

　Ⅱ章で述べたように，本章では，「行動系」に相当する無意識的，無意図的プロジェクションの典型である「イメージスキーマ」およびそれを文化的領域に適用した隠喩的投射について述べることにする。なお，本章は，筆者が以前，執筆した『イメージスキーマ・アーキテクチャー』[中井，2013]を底本としている。

　これから述べる，イメージスキーマのプロジェクションおよび隠喩的プロジェクションは，人間が初期発達において習得する最も基本的な投射の様式でありながら，子どもを経て大人になってからも行う無意識的，無意図的プロジェクションである。したがって，このプロジェクションを学問的に捉えることはできても，私たちは意識化することは困難である。そういう意味でそれは，無意識的，無意図的であり，それを使用する主体は制御することができないのである。また，この類いのプロジェクションは，「行動系」に相当することからもわかるように，ごく自然になされているため，それを変更したり修正したりすることもできないのである。

　では最初に，イメージスキーマについて認知意味論の立場から述べることにしたい。

1. イメージスキーマと隠喩的投射
──認知意味論の展開

　私たちは日常，自らの身体をベースに世界とさまざまに交通・交流している。ただ，私たちと世界とのかかわりに，自らの身体的経験が介在していることに無頓着である，あるいはそのことに気づくことは

ほとんどない。ここで主題化したいのは，日常気づくことがほとんどないこの，見えない身体的経験である。

　身体的経験は，私たちが世界（現実の日常世界）に向けて非主題的かつ秘匿的な仕方で投げかける網のようなものである。私たちの身体は，私たちの意識が世界を捉えるはるか以前に，透明な網を投げかけているのだ。「投げかけている」という言葉が馴染みにくいとすれば，心理学で使用される「投射・投影している（project）」と言い換えてもよい。誤解を恐れずにいえば，私たちの身体は，私たちの意識に先行して——いわば意識を出し抜いて——，見えない網を世界に投射・投影することによって，世界を捉えているのである。むしろ私たちの意識は，B.リベットの脳活動における準備電位の実験よろしく［Libet, 2004=2005］[1]，身体が把捉したものを後で追認しているのである。

　私たちの意識を出し抜く——それはつまるところ，私自身を出し抜くことであるが——，身体的経験こそ，本章の中心となる「イメージスキーマ」なのである。イメージスキーマは，極めて不思議な身体図式である。それは，感覚，知覚，イメージ，行動・運動といった個別的，具体的，アナログ的な経験に属するわけでもなく，かといって，概念，言語，カテゴリーといった一般的，抽象的，デジタル的な思考に属するわけでもないのだ。それは，後者のように，一般的，抽象的なものでありながら，なおかつ，前者のように，アナログ的なものである。その意味で，それはまさに，鵺のような存在である。

　このように，一般的，抽象的，アナログ的な性質を備えたものとして，あらためてイメージスキーマに注目し，その特性を記述していくことにしたい。あらかじめ述べると，イメージスキーマは，概念形成以前にある，発達初期の子ども（幼児）の中に醸成される能力である。幼児は，大人がすでに獲得している言語認識・操作能力を活用するやり方とは異なり，知覚分析（perceptual analysis）［Mandler, 1992a,

48

589ff.］もしくは知覚意味分析（perceptual meaning analysis）
［Mandler, 2005：140ff.］という方法で一挙にイメージスキーマを
形成・習得し，それを利用する。イメージスキーマは，幼児にとって
これほど重要な能力であるにもかかわらず，それは，J.ピアジェをは
じめとする従来の発達心理学において見出されることはなかったので
ある。

　ところで，イメージスキーマを発見したのは，G.レイコフや M.ジョ
ンソンをはじめとする認知意味論や，J.M.マンドラーなどの発達心理
学および認知心理学であった。総じて，彼らは世界とのかかわりを解
明するにあたって，意識よりも先に身体に注目したのであった。特に，
マンドラーは発達初期の子どもが概念形成を確立する前に，知覚分析
だけを頼りにイメージスキーマを効率的に抽出することを発見したの
である。

　ただし，イメージスキーマは，単に個体発生上の能力にとどまらな
い。むしろ，この概念が重要なのは，前述したように，私たち大人の
世界に対する認識をも無意識的な形で規定していることにある。それ
はどのような場合に発現するのか（この点については，後で隠喩的投
射論で明らかになろう）。

　以上，本章は，私たちと世界とのあいだに介在する，抽象的であり
ながらアナログ的な身体的経験を事例を交えつつ，イメージスキーマ
および隠喩的投射として明らかにすることを目的としている。これら
を解明することは，私たちが世界とのかかわりの中で見過ごしてきた
さまざまなできごとを取り戻すための契機にもなり得るに違いない。

　ジョンソンは，認知意味論（cognitive semantic theory）の理論構
成として，イメージ構造の二つのパターン（型），すなわち「イメージ
スキーマ（image schema）」と「隠喩的投射（metaphorical projection）」
を挙げている。本章では，この二つのキーワードに関する定義および

特性についてまとめることにしたい。

　まず，ジョンソンは，感覚，知覚，行動・運動と並び，経験のひと
つの素材であるイメージを対置させつつ，イメージスキーマを次のよ
うに定義している。以下，引用にあたっては主に翻訳書に依るが，原
典ならびに内容に即して一部文章を変更している。

　「イメージスキーマとは，私たちの知覚的相互作用と運動プログラ
ムに繰り返し現れる動的なパターンのことであり，これによって私た
ちの経験に首尾一貫と構造が与えられる」[Johnson, 1987=1991：17]
ところの作用である。「たとえば，（イメージスキーマの一つである）
垂直性スキーマは，私たちが経験から意味に満ちた構造を取り出す場
合，上－下という方向づけを用いる傾向があることから創発してくる。
私たちは，垂直性というこの構造を，毎日経験する何千にものぼる感
覚，知覚，イメージ，行動・運動——たとえば，立ち上がるときに感
じられる感覚，木を知覚すること，旗竿のメンタルイメージを形成す
ること，階段を昇るという行動，子どもの背の高さを測ること，浴槽
を上がっていく水面の高さの経験等々——の際に繰り返し把握してい
る。垂直性スキーマは，こうした垂直性の感覚，知覚，イメージ等と
いった経験の抽象的構造なのである。」[同前]

　平たくいうと，イメージスキーマとは，感覚，知覚，行動・運動，
イメージ等といった私たちの経験に幾度も繰り返し登場することを通
して，経験を構造化する力動的なパターン（型）のことである。

　しかもそれは，次のような特徴を有している [同前：91-102]。

①連続的でアナログな構造を持つ表象
②図や絵（画像）によって巧みに表示することができるもの
③命題のようにデジタルな（非連続的）構造を持たないものの，
　論理的な過程に入るのに十分な内的構造を備えているもの

④それ自体，非言語的なものであるとはいえ，個別的，具体的な
　イメージやメンタルイメージとは明確に区別されるべきもの，
　したがって，上記②との関連でそれ自体，近似的な画像で示す
　ことができるとはいえ，視覚という単一の知覚様相だけ結びつ
　くものではないもの（スキーマは視覚的特性のみならず，運動
　感覚的な特性，そして共通感覚的な特性をも備えている）
⑤さまざまな場面で多数の事例を持ち得る，しなやかで，文字通り
　「力動的」なパターンであるもの（経験の素材を型にはめ込むと
　いった固定的，静態的なものでは決してない）

　何よりも重要なことは，認知意味論においては，感覚，知覚，行動
・運動と並び，経験のひとつの素材である「イメージ」と，感覚，知
覚，行動・運動，イメージなどの抽象的構造として機能する力動的タ
ーンとしての「イメージスキーマ」は，明確に区別されるということ
である。「イメージ」と「イメージスキーマ」は，抽象の度合いにおい
てまったく異なるレベルに位置する。論理的には，「イメージスキーマ」
は「イメージ」をより抽象化したものである。前述した垂直性スキー
マからもわかるように，「イメージスキーマ」は，何千回，何万回ある
いはそれ以上の何度もの繰り返しとなる日常的な経験（感覚，知覚，
行動・運動，イメージ）を素材にしながら，それを意味に満ちた構造
（型）——スキーマでは「上－下」の方向づけを用いる傾向性を持つ
垂直性構造——へと抽出されたものなのだ。これに対して，「イメージ」
は，たとえば旗竿の心的「イメージ」のように，立ち上がるときの感
覚，樹の知覚，階段を昇るときの運動（行動）と同様，個別的なもの
にすぎない。
　私たちは，こうした経験（感覚，知覚，行動・運動，イメージ）を
何度も何度も繰り返す度にその都度無意識に把握していく累積的な結

果として，垂直性スキーマを形成していくことになる。その意味において前述のように，垂直性スキーマは，まさにこうした垂直性の経験，感覚，知覚，イメージ，行動・運動の抽象的構造なのである。なお，垂直性スキーマも含め，基本的なイメージスキーマは，**表4**［同前：255］のように示される。**表4**のように，イメージスキーマは，容器，道，中心－周縁，はかりといった主要なものをはじめ，27種類の基本的スキーマが挙げられる。私たちは，日常的にこれらのイメージスキーマを無意識的もしくは暗黙裡に経験するとともに，使用しているのである。

表4　基本的なイメージスキーマ

容器	バランス	強制
妨害	対抗力	制止の除去
力の可逆性	牽引	質量計算
道	つながり	中心－周縁
周期	遠－近	はかり
部分－全体	境界	分割
充満－空虚	適合	重ね合わせ
反復	接触	過程
表面	対象	集められたもの

　ところで，私たちが身体を通して環境との相互作用を繰り返し行う中で形成されていく経験構造としてのイメージスキーマは，身体的経験の領域にあり，それゆえ「他の諸概念の基礎となる元型的概念の母体」［尼ケ崎彬，1990：133］もしくは後述する，マンドラー（Mandler,J.M.）のいう「初期概念」の母体となる。

　さて，身体化したイメージ構造と関係する第一のパターンが，以上

述べたイメージスキーマであるのに対して，第二のパターンは，隠喩的投射である。隠喩というパターンは，「種類の異なる他の領域を構造づけるために，ある経験領域からそこへパターンを投射するやり方である。このように考えた場合，隠喩は単なる言語的な表現様式ではない。それはむしろ，主要な認知構造の一つである。……私たちは，抽象的理解を組織化するために，物理的経験の中に発現するパターンを，隠喩という形で使用する。具体的なものから抽象的なものへの隠喩的投射によって理解を行う場合，二つの仕方で物理的経験が利用される。第一に，経験のさまざまな物理的領域でなされる私たちの身体運動と相互行為が構造づけられるのであって，この構造は，隠喩によって抽象的領域へ投射することができる。第二に，隠喩的理解は，任意のものから任意のものへの，何の制約もない，恣意的で，気まぐれな投射では決してない。」[Johnson, 1987=1991：18]

　しかも，こうした原初的もしくは初期的な概念としてのイメージスキーマは，経験（感覚，知覚，イメージ，行動・運動）に対するその抽象度からすると，私たちのあらゆる経験領域に適用可能であると考えられる。したがって，ある特定のイメージスキーマが創発した原初の身体的経験領域からまったく別の——たとえば，文化的な——経験領域へと，このスキーマそのものをプロジェクト（投射）することが可能となる。そしてこの場合，イメージスキーマを投射することを認知意味論では特に「隠喩的投射」と呼ぶのである。つまり認知意味論では，隠喩的投射とは，あるイメージスキーマが創発した一定の経験領域から別の経験領域へと，このイメージスキーマを投射，すなわち拡張していくことを意味する。認知意味論では，このイメージスキーマを投射する能力は，「想像力（imagination）」と名づけられている（この場合の想像力は，イメージを形成する能力のことではない）。ここで「隠喩的」投射と呼ばれる理由は，この投射が，すでに理解済みの身

体的な経験領域（物理的な経験領域）に基づいて未知のさまざまな経験領域（文化的な経験領域）を理解するといったいわゆる「なぞらえ」の原理に基づくためである。したがって，イメージスキーマの投射の結果得られた隠喩は，「主語－述語」構造を持つ命題から成る。繰り返し強調すると，認知意味論でいう隠喩は，言語学の領域を超えたものであるがゆえに，それは，言語的表象だけで理解することはできず，あくまで身による「なぞらえ」を不可欠とするのである。

　以上述べてきた隠喩的投射は，図2のように，要約することができる。

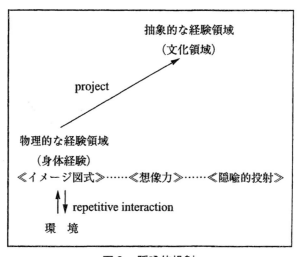

図2　隠喩的投射

2．イメージスキーマの形成

　本章では，発達心理学研究などの経験科学の知見を通してその存在が確証されたイメージスキーマについて詳述していくことにしたい。たとえば，マンドラーは，生後7〜8カ月という言語習得以前（プレ

54

リテラシー期）の幼児がすでに概念的な把握を行うことができるということを発見した［Mandler, 1992a ／ 1992b ／ 2005］。後で詳述するように，たとえば，幼児が生物と無生物の相違について的確な概念的把握を行う場合，幼児は概念の水準——言語（主語−述語関係・構造）に基づく定義の同一性——とも，知覚の水準——知覚的な形態の類似性——ともまったく異質の，特有の水準で稼働する認知的装置に依拠していることが判明したのである。この認知的装置こそ，イメージスキーマである。なお，本章は，文献リストに表示したマンドラーの三つの論文に全面的に依拠するとともに，その論理展開のすべてをオマージュしていることを明記して置きたい（現時点ではまず何よりも，幼児のイメージスキーマの存在を知ることが肝要であって，その批判的検討は今後の課題となる）。

（1）幼児の知覚分析

　最近の発達心理学の知見の一つとして，生後７ヵ月かそれに満たない幼児の中で，知覚および運動スキーマを超えた概念化（初期概念化）が起きているということが示された。では，幼児の中で初期概念（化）はどのように形成されるのであろうか，それを明確な形で説明する必要がある。これについてマンドラーは，物体に関する生得的知識が，概念の初期発現の一因になるのだと仮定する必要はないとした上で，知覚的表現から得たある種の情報を抽象化し，それを概念の形に書き換える能力を幼児が持って産まれてきたことを認めるだけでよいのだと捉えた。そして，マンドラーは，知覚的表現から得た情報を抽象化して概念へと書き換える能力およびそのメカニズムのことを「知覚分析（perceptual analysis）」と名づけたのである。こうしたプロセスは，少なくとも生後数ヵ月で稼働し始める。マンドラーにしたがうと，概念は遅れて発現するという J.ピアジェの学説に反して，感覚運動とと

もに発達していくと考えるのが妥当であることになる[注2]。

　ところで，知覚分析は，利用可能な概念の基礎を形成する意味へと知覚情報を書き換える。知覚分析は，何が検知されているのかという注意分析を含むため，通常の知覚プロセスとは異なる。幼児は，単に「知覚する（見る）」代わりに，刺激配列が持つある一面に気づき，それを単純な形状で記録する。その形状が，何が観察されているのかという詳細な情報を失うが，そのことと引き替えに意味を引き出すのだ。知覚分析が生み出す表現のフォーマットは命題ではない。むしろ，初期の意味の発現は，前述したイメージスキーマと呼ばれる類推表現の形なのである。

　こうして，知覚分析は，イメージスキーマの空間構造の書き換えを誘導する。こうした書き換えは，後述するように，生物と無生物などの物体の概念や，包含や補助などの関係概念の作成において使われる意味を構成する。さらに，イメージスキーマは，知覚と言語の中間レベルの表現を提供し，言語習得プロセスを促進するものと考えられる。

　ところで，幼児は，下等生物や産業用の視力機械や各種コネクショニストプログラムのように，知覚的パターンの抽象的学習によって，知覚的原型を形成することができる。ところが，識別可能な分類の形成は，有機体や機械が分類している物体について何らかの理論を形成したり，この情報を思考のために利用したりするということは示さない。したがって，男女の顔の区別や車と馬の区別をできる幼児（または機械やプログラム）は，純粋に知覚をベースに区別しているだけであって，人や動物について概念的な知識を持っているわけではない。動物または乗り物の概念を持つということは，少なくともそれらがどのような種類の物なのかについての初歩的な観念を持つということにほかならない。3歳児でさえ，そうした概念を持っていることについては十分な証拠がある。では，どのようにして幼児はこの新たな理解

を発展させるのであろうか。

　イメージスキーマから知覚分析を通して抽出・生成される初期の概念的理解は，全体的な性質を持ち合わせており，後に知的成果である特徴の分析をともなうことになる。それゆえ，人間の発達初期においては詳細な特徴の知覚分析は不要であり，むしろ同時に知覚しているものの全体的概念を形成できるアプローチが必要である。それは全体的な性質を持ち合わせるという点で，自ずと"表層的な分析"となろう。

　以上述べてきたように，幼児期（発達初期）の概念的思考の基礎形成は，子どもの能力として生得的に備わっている知覚分析を通して，知覚情報が利用可能な概念システムの基礎（初期概念）を形成する意味へと書き換えられる。そして，これら初期の意味は，物体の空間構造や空間内での動きについてある特定の側面を抽象化するイメージスキーマの形状によって表現されることになる。後述するように，イメージスキーマは，生物・無生物，作用因子，容器などの概念を幼児に形成させるものである。この様式の表現は，単純な推論や類推のための手段を提供し，他者の行動の模倣を可能にし，言語の関係側面の取得の概念的基礎を提供するなど，複数の機能を持つのである。

　一言でいうと，知覚分析は，概念を最初に形成するメカニズムにほかならない。知覚分析は与えられた知覚群を注意深く分析し，新種の情報を抽象化するプロセスである。この情報は，知覚情報の一片が，意味を表す非知覚形態へと再コード化されるという点で新しい。知覚分析は，ときに物体と他との比較を含み，それらを同種（異種）の物として概念化する。ところが，その多くは，単に以前気づかなかった刺激の側面への気づきを含むだけである。通常の知覚プロセスは，自動的に実行され，一般に知覚者の注意深い管理下にはないが，新種の情報を抽象化するプロセスは，通常の知覚のプロセスとは異なる。普

通にエンコード化（符号化）されたほとんどの知覚情報は，自覚できるものでもないし，思考の目的で後に利用可能なものでもない。その一方で，知覚分析は，入力する知覚情報の小集団を，利用可能な概念の基礎を形成する意味へと能動的にリコード化（再コード化）するのである。

　知覚分析は，手続き情報の書き換えと呼ぶもののシンプル版である。言語における代名詞システムのような，手続き情報の精緻なシステムがどのようにして書き換えられ，最終的に意識的に利用可能な形態に達するのであろうか。知覚分析は，シンプルな種類の書き換えであり，しばしば知覚そのものと同時に起こる。つまり，書き換えは，旧来の表現からオフラインである必要はなく，知覚情報の記録とオンラインでも起こり得る。どちらにしても，情報は異なるフォーマットへと再コード化され，プロセスの中で元の情報の一部が失われる。顔のように複雑な知覚分類についての学習は迅速であるが，使用した情報が何かはわからないという事実が示すように，私たちが処理する知覚情報の多くは，暗黙の手続きの形式で保存される。つまりそれは，その情報が明確ではないということなのだ。明確な知識システムの構築には，意味の語彙ともいうべき異なったフォーマットが不可欠である。知覚情報の書き換え処理は，そうした語彙を形成する。この語彙は，元の情報よりも単純であるとともに，形成されたかどうか，またはいつ形成されたのかという点で，少なくともある程度恣意的である。単純であるのは，知覚システムが処理したものよりも情報量が少ないためである。

　こうして，幼児は最初に概念的な基礎を形成する意味を作り出さなければならない。原則として，知覚分析は当初，原始的な形式にすぎないかもしれないが，生後かなり早い時期に開始することができる。その実証は困難であるにもかかわらず，知覚分析を行う能力は生得的

であると考えざるを得ないのである。

　繰り返し述べるように，幼児が知覚分析から導く意味は，何であれ，全体的な特徴を有している。幼児の概念は粗雑であり，多くの大人の概念がそうであり得る命題的形式で表現されてはいない。幼児は，物体と活動に対する概念を持っているだけでなく，より抽象的な関係性観念の数々を使いこなしているのだ。裏を返せば，言語習得が部分的に言語習得前の概念によるものだとすると，生後 10 ヶ月で初めて言葉を話し，それをコミュニケーションに利用し始めるまでに，その観念が存在していなければならないことになる（ところが，そのことは現実にそぐわない）。

　では次に，マンドラーの学説に沿って，知覚分析から抽出されたイメージスキーマの特性についてあらためて詳述していくことにしたい。

（2）イメージスキーマの特性

　ところで，イメージスキーマについては認知言語学において取り上げられている。ところが，認知「言語学」という学問の特性上，言語学的見地に立っており，たとえば文法形式の作成や，前置詞が持つ一見異なる意味を関連づける根底の意味表現に限定してイメージスキーマを利用している。ごく一部の例外を除けば，言語習得以前における概念化のフォーマットの可能性として，イメージスキーマに言及したものはほとんど見出すことができない。その例外でさえ，言語習得以前の心理を特徴づける根本的な方法としてよりも，主に言語習得の理解のために，イメージスキーマの観念を問題にしている。

　しかしながら，前述したように，イメージスキーマは，物体の空間構造や空間での動きの特定側面を抽象化することによって概念素（概念の種）を形成するものである。この抽象概念は，アナログの形態をとる。また，物体が空間を移動するもしくは容器に入るなど，位置の

59

連続的変化を表現することが多いことから，動的でもある。最もシンプルなイメージスキーマの一つは，経路の観念であるが，経路は物体そのものの詳細や特定の軌跡の有無に関係なく，何らかの物体が空間を移動する軌跡を示している。

　幼児は無数の物体の空間的移動を見る（無自覚に観察する）。それゆえ，この型のイメージスキーマが表す空間構造の抽象概念を支えるのに十分な環境的インプットが存在する。したがって，こうした知覚情報は，各種類の知覚分類の形成のみならず，物体やそれに関連する意味を表現するラフスケッチにも利用されると考えられる。後で詳述するように，たとえば，生物と無生物に関する最も初期の概念は，物体の動き出し方や他の物体と比べた動き方などといった知覚分析から生成されるのだ。

　マンドラーによると，イメージスキーマの共通特性として，次に列挙するような，複数の使い道があると考えられる［Mandler, 1992：278］。

　①利用可能な概念システムの発端を形成する。
　②記憶や推論を目的としたシンボルとして利用できる，明確で
　　具体的なイメージの作成を可能にする。
　③他者の行動を模倣するメカニズムを提供する。
　④言語の関係側面の取得を可能にする概念的基礎を提供する。

　このアプローチでは，幼児にとって複雑なものは不要であることに加えて，動いている物体の軌跡の描き始め方を単に書き換えることによって，何らかの意味を表すことができる。つまり，あるものは自ら動き，またあるものは動かされると動くということだ。これは，生物と無生物についての概念の始まりとして適している。動作の種類を分

類する知覚的能力に加えて必要なのは，知覚した空間情報の一部を，単純であるがアナログの形に書き換えるメカニズムである。これらの意味を命題のフォーマットへと置き換える必要はない。自己運動と使役運動の意味は，イメージスキーマ自身の構造によって提供され，それを解釈するために他のシンボルやシステムは不要である。さらに，それらは幼児の知覚世界に直接根ざしている。

　人工知能学者，J.A.フォーダーが述べるように [Foder, 1975]，生来の命題言語の代替アーキテクチャーは，幼児が知覚入力を単純化する能力を持つ。イメージスキーマは，利用可能な概念が形成された意味を表現する。現在のケースでそのレベルは，利用不可能な知覚プロセス，イメージスキーマ的意味への書き換え，そして意識的なイメージや言語への書き換えから構成される。イメージスキーマ・アーキテクチャーの魅力的側面は，シンボルによる表現に最も基礎的なものを提供するということにある。

（3）主要なイメージスキーマの形状
──生物性／非生物性を分かつイメージスキーマ

　これまで知覚分析およびその分析から生成されるイメージスキーマについて述べてきた。次に，幼児のイメージスキーマの形状を例示していくことにしたい。ここで取り上げるイメージスキーマは，生物性・無生物性，因果性，作用，包含，支持など，人間の発達初期の成果とみなされる概念形成に使われるものである。

　あらかじめ述べると，初期概念の中でイメージスキーマからみてとりわけ重要なのは，生物性と無生物性を分かつ大まかな基準である（イヌやネコやアヒル等といった種の区別，さらにイヌをプードル，ブルドッグ，チワワ等といった詳細な区別・分類を幼児ができるようになるのは，言語習得以後のことである）。それ以外の初期概念の大半は，

61

そのイメージスキーマに関連づけられて派生するものだといっても過言ではない。関連するイメージスキーマが知覚入力の単純化と書き換えにかかわる範囲において，それらのイメージスキーマは，幼児の能力について知られている事実と一致している。知覚スキーマは生後数ヶ月間で形成される。ただ，知覚スキーマの，イメージスキーマへの書き換えがなぜ，さらに一年の感覚運動学習を要するのか，先験的な理由は存在しない。ところが，これら概念の発現時期は，特に重要ではない。問題は，世界の概念化が始まる正確な年齢ではなく，原則的にイメージスキーマの形成が言語習得以前の概念化の主要因となるのかどうかということなのである。

①自己運動と使役運動というイメージスキーマ

　まず，生物または動物の原始概念の起源となり得るものについて考えていきたい。この基礎的観念に必要な情報を提供する卓越した知覚的起源は，運動の知覚分類である。大人は生物と無生物（または機械）の動きを簡単に区別することができる。これに対して，幼児が同様に区別することができるかどうかを決定づけるようなデータはまだ収集されていない。次に，生物と無生物の区別についての，幼児と大人の捉え方の差異について詳述していくことにする。

　概して，幼児は動きに対して機敏に反応する。目の生理学的特性から生じる性差はさておき，幼児は動かない刺激よりも動く刺激を長く見つめるだけでなく，動く刺激が使われるとき，さまざまな知覚的成果を初めて獲得するようになる。とりわけ，幼児は早くて生後３ヶ月で，人の動きと生物学的に不正確な動きを知覚的に区別することができる。この結果は，幼児が生物と無生物（機械的）の動きを一般的に分類できるらしいことを示唆している。幼児がこれらの分類をできる限り，動きの知覚分類は，モノの動き方によって世界を区分する起源

の一つであると仮定し得る。

　ところが，生物または動物の概念形成には，特定の動きのタイプの知覚分類とは逆に，幼児が次のようなものに気づき，概念化する必要がある。すなわちそれは，後で詳述するように，ある方法で動き，自ら動き出し，ときに離れていても幼児に反応する物体と，他の方法で動き，自ら動き出さず，離れていると幼児に反応しない物体である。

　これに対して，大人はある（または不特定の）物体の動きが，有生的か無生的（機械的）かを判断することができる。大人はある種の動きをする物体が自発的に動き出し，異なる動きをする物体は自発的に動き出さないことに気づいていて，それを概念化している。大人の場合，知覚分析が自発的に動く物体の運動についてのイメージスキーマとして抽象化し，そのような物体は他の物体と接触せずとも軌跡を描き始めるということを暗に知っている。この分析の結果，ある特定の動き方をする物体を大人が見たとき，それは常に「自発」という意味と関連づけられているのである。

　同様に，機械的な動きをする物体は自発的に動き出さず，動く場合は押されたり持ち上げられたりするといった具合に，他の要因があった場合のみであるという事実の知覚分析は，後述するように，使役運動のイメージスキーマを導き出す。それは，他の軌跡が接触したときに動き出す物体を表す。

　総じて，運動する物体は知覚的に二種類に分類される。つまり，動きの発現は，自己扇動運動（一般的には，自己運動）と使役運動という二種類からなる。小さいうちから幼児は，自発的に動き出すものと，押されたり動かされたりすると動き出すものとの違いに敏感である。自己運動の最も単純な形は，動いていない物体に外力がかからなくても動き出すことを意味する。この観念を言葉なしで表現するには，手の動きを止めた状態から動かすことが，最適な表現方法となる。した

がって，自己運動のイメージスキーマは**図3**のように示すことができる。

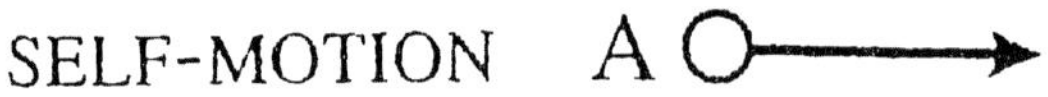

SELF-MOTION　A ○———→
図3　自己運動スキーマ

　図3においてベクトルはＡ点から伸びており，Ａは経路の始まりにある実在を示している。ただし注意すべきなのは，**図3**をはじめ，今後示す図が，イメージスキーマの事実に即した解釈ではなく，単に非言語的な観念で描く試みでしかないということである。

　早くて４ヶ月児は，いま述べた自己運動と使役運動を区別するということが観察されている。この観察データでは，書き換えプロセスの実行の有無は分からず，単にある種の知覚分析が実行されたことのみを示している。ところが，このデータの一部は，４ヶ月児がすでに作因としての手についてきわめて明確に分析することを示唆している。人形を手で拾うことに馴化した幼児は，人形が触られずに動いたとき，脱馴化した。一方，人形を拾うのを阻止するのに馴化した幼児では，触らずに動いた場合も脱馴化しなかった。つまり，幼児はすべての変則的な事象に脱馴化するわけではなく，作因が変則的に動いている場合のみ脱馴化する。決定的な証拠ではないが，この種のデモンストレーションは，作用について何らかの分析がすでに実行されたことを示唆する。作用のイメージスキーマは，自己運動と使役運動という二つのイメージスキーマを合わせたものとして表すことができるかもしれない。つまり，自己運動するものは，他のものの動きの原因になることができるということなのだ。

　幼児からみて，生物の動き（運動）は，起点とそこから伸びる生物なりの運動，すなわちリズミカルで予測不可能な運動の軌道から成る

64

「生物的な自己運動（self-moving animate=self-motion, caused motion, and containment)」のスキーマ [Mandler, 1992a：594／1992b：283］となる。それは，**図4**と示される。

図4　生物運動スキーマ

　さらに，それは**図3**の「自己運動」スキーマ [Mandler, 1992a：593]と**図4**の「生物運動」スキーマ［同前］の合成の結果，**図5**の「自己運動生物スキーマ」［同前：594］のように，起点とそこから延びる曲線を持つ矢印として表すことができる（他の物体の力のヴェクトルは不要となる）。

図5　自己運動生物スキーマ

　図3と**図4**を比較してみると，幼児は「自己運動」スキーマと「生物運動」スキーマという二つのイメージスキーマによって生物と無生物との相違を，自ら運動するものと他のものよって動かされるものとの違いとしてカテゴリー的に把握していると考えられる。

　このように，幼児もまた，身体を通して環境と繰り返し相互作用を行い，そしてさまざまなものを観察する中で，無限に多様な経験（知覚やイメージなど）を一定の単純化された構造，すなわち型としてのイメージスキーマへと変換・圧縮させているのである。繰り返し強調すると，特定の幼児（人間）にだけ実在する，雑然とした知覚やイメージをもってしても，幼児は決して生物と無生物についてカテゴリー的把握を行うことができないであろう。イメージスキーマは，原初的

な概念として言語を習得していない幼児にも，経験を通してすでに体得されているのである。

　ところで，再度，図3の自己運動スキーマに注目すると，それは，基本的に移動体の観念を示しているといえる。自己運動は独立した軌跡の始まりで，他の物体や他の軌跡は一切含まれない。したがって，物体が自ら動き始め，他に可視的な移動体が働きかけない，というだけでは生物であることを保証し得ない。たとえば，遅れて動く仕組みのぜんまい仕掛けの玩具は自ら動くように見えるし，からだに感じない振動が不安定なバランスにあった物体を表面から落とすだけかもしれないのだ。こうした一連のできごとは，とりわけ幼児にとって生物性の概念の間違いを引き起こす可能性がある。それゆえ，生物性の概念は自己運動だけではなく，複数の意味から作られていると考えられる。そして，機械的な玩具や落下物の動きは，その動きの開始，すなわち辿る軌跡の種類以外に基づいて適切なクラスに分かれないのである。

　図3は「自ら動く」ことを意味する最も原始的な概念を図示したものである。それは，多様で複雑なクラスの動きから抽象化されたスキーマ的な表現である。スキーマ化は，環境中で観察した動きを単に分析するだけで達成することができる。また，自ら感じた動きを抽象化することもあるため，運動感覚的な基礎も持っている。いずれにせよ，空間での動きの空間的表現という意味で，同じ表現が生じるべきなのである。勿論，こうした表現は，再び言語に書き換えることはできるが，基本的な意味は命題的な形をとることはできない。

　自己運動に加えて，幼児は自己運動する物体の軌跡の形について何かを表現する。また，幼児が実行する分析が何であれ，それは単純なものと考えられる。男女の顔の知覚分類のような生体運動の知覚的区別は，知覚分類システムが簡単に行うが，この情報はきわめて粗雑に，

しばしば不正確に表現される。生体運動は非常に複雑であり，どのパラメーターが生物性の判断に重要なのか確信を持っていない。私たちは，そうした複雑な現象の詳細分析に十分なイメージスキーマ語彙を持ち合わせていない。その代わりに私たちはより単純な概念化に頼らざるを得ないのである。

　生体運動の知覚分析は，直線的な動きをしないという観念に少し追加した程度である。大人は生体運動が特定のリズムを持つが予期できない性質を持つのに対して，機械的運動は，何らかの方法で歪められない限り逸脱しないと考えられる。したがって，生物の動きのイメージスキーマは，**図4**に示されるように，不規則な経路によって単純に表現されることになる。

　このように，生物の軌跡のイメージスキーマは粗雑であるが，目的を果たすには十分である。動物が何であるかを理解するには，そもそも知覚分類を組成する詳細な動きの分析は不要なのである。とはいえ，幼児は，動く物体に集中的に注意を払うことから，何らかの生物の軌跡の分析が，その経路の開始についての分析とともに行われていると考えられる。例として，犬が動くとき，上下に動くとともに不規則な経路を辿ることに気づく。幼児はさまざまな動物や乗り物の小さな模型で遊び，幼児がそれらと相互関係する順序を記録する。ときに幼児は動物にテーブル上をジャンプさせ，乗り物には真直ぐ走り回らせる反応をする。魚やカメにジャンプさせるのは生物の動きの表現の如実な例で，どれほど細かい部分が不正確であろうとも，**図4**の分析に忠実なのだ。

　自己運動と生物の運動のイメージスキーマは，組み合わせが可能である。**図3**と**図4**を組み合わせたイメージスキーマは，自ら運動を始めた後に生物の経路をたどる物体を表現する。**図3**の焦点は運動の始まりである一方（図中の直線は単に経路のデフォルト表現），**図4**の焦

点は経路そのものである。２つの組み合わせは**図５**に示されるような「自己運動生物」と呼ばれるイメージスキーマを生成する。

②生物性概念に寄与する随伴性と関連性のイメージスキーマ

図６は，「関連性イメージスキーマ」を示したものである。それは，大半のイメージスキーマの，単一ではなく相関的な特徴を示している。それは，二つのパーツ，すなわち経路の開始と経路があり，パーツ間を移動できるという点で，単純な種類のシンタックスである。

図６　関連性スキーマ

自己運動と生物運動に加えて，生物性概念に寄与する三番目の観念は，物体間の運動の随伴性である。それは，直接の物理的接触によるものでなく，離れた距離からの随伴性である。幼児は，運動上の限界によって物体の操作が大きく制約されている。ところが，幼児は，随伴的に相互作用する人々や，無反応の無生物の物体とは異なり，幼児の行動や声に離れた距離から反応する人々に囲まれている。

随伴的運動と自己運動が生後数ヶ月の幼児にとっての生物の定義ならば，小さな幼児が「間違える」のは，生物の概念を持たないためではなく，概念が広範囲すぎるためだと考えるのは合理的である。

生物は他の物体と離れていても反応するが無生物はそうではないという観念は，幼児にとって生物の初期概念に寄与する意味となり得る。この類いの観察は，かなり早い時期になされる可能性が高いと考えられる。手の届かない場所にある瓶，椅子，玩具などは，どのように動

こうと，いくら声をかけようとも動かないが，人間（ときには動物）は動く。幼児と交流するのみならず，ときには会話したり，跡を追ったりするという具合に，随伴して互いを動かし合う。乳幼児においても，離れた場所からの随伴性運動への感受性を示す実験は複数ある。一例として，枕に頭をつけるのに随伴して回転するモビールに対して，幼児が笑い喜ぶという実験結果がある。その行為は，随伴的反応を幼児が刺激として社交性を捉える基準として仮定することができる。連結経路を示すイメージスキーマの一群がどれだけ随伴的運動を表しているか，また，そのような観念が動物についての初期概念の形成に役だっているのかが理解される。

　この時点で，自ら動き，不規則で時に予測できない動きをし，他の物体と離れていても交流するという生物の概念を，幼児が持っていると仮定されている。これらの概念は，年長の子どもの心理的あるいは生物学的有機体としての動物の概念には遠く及ばない。ところが，それは，後に学習するにつれ，心理的・生物学的事実に結びつけられる中心的概念となる。

　では，幼児は何によって動物と乗り物の違いを見分けるのか。前述したように，知覚分類によるものではあり得ない。たとえば，数匹の犬を習熟した後，犬と外見が異なる魚やウサギを見せても，幼児は脱馴化しない。犬から脱馴化するのは異なったタイプの物体を見せた場合のみである。

　繰り返すと，随伴的なモビールに笑って喜ぶ挙動を示した幼児や，動く玩具と相互作用する幼児は，母親と相互作用する場合と区別することはできない。これは幼児が動く玩具を生物であると考え，それに応じた反応をしていることを明らかにしている。

　では，幼児はどのようにして随伴性の観念を概念化するのであろうか。因果関係を含む随伴性について幼児の解釈範囲が不明であるため，

この質問は難問である。初めての体験では概念化されず，また，初期の随伴性表現はシンプルな観念であるようにみえる。随伴性の観念の単純な派生は，関連のイメージスキーマについての空間構造の書き換えから可能である。

　G.レイコフは，関連性のスキーマについて言及し，その構造が２つの実在とそのあいだの関連で構成されると述べている [Lakoff, 1987]。この類いのイメージスキーマについての分析は少ない。ところが，関係した意味を持つ関連のスキーマは複数ある。たとえば，「over」という語が示す各種の意味を表現するために一群のスキーマが使用されている。前述のように，関連のイメージスキーマの最もシンプルな形は図６のように示される。関連スキーマのそれ以外のバージョンは，図７a，図７b，図７cのように示される。

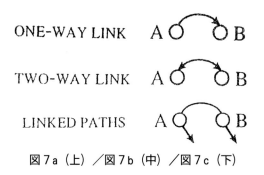

図７a（上）／図７b（中）／図７c（下）

　図６において（経路とは異なる）関連のスキーマとは，二つの実在または事象ＡとＢが，直接接触していないにもかかわらず，互いに制約されるかもしくは依存しあうかということを意味する。関連は空間的にも時間的にも生成できるし，一方向にも相互方向にもなり得る。たとえば，幼児Ａが行動するとモビールＢが回転するという随伴性を表すには，図７aのように，随伴性が一方向である関連スキーマを使う

ことになる（矢印は随伴性の方向を示す）。この類いの随伴性は，予想可能になるまでに複数の繰り返しを必要とする。したがって，随伴性の分析は初めての場合は実行されない。

　図7bは，幼児と母親の相互交流を示しているが，恐らくこのイメージスキーマにも繰り返しが必要である。さらに，図7cのように，二つの物体が関連した軌跡を並行して移動する，関連した経路もある。図7cではAが動くとBも動く。この類の随伴性は，初めての遭遇でも分析可能な場合もある。注意すべきなのは，すべての場合において，関連でなく実在そのものの中に運動が含まれているという点である。つまりそれは，実在が事象の一部であるということだ。

　随伴性への応答力は，幼児の——または，この件については生命体一般の——最も基本的な性質の一つである。たとえば，条件づけはそれなしに不可能である。随伴性の能動的分析もしくは認知が，条件づけに必要か否かについては議論が分かれる。ただ，随伴性への応答力が新生児にさえ存在すること自体，疑う余地はない。最初に学習される随伴性の一つが，条件刺激の後に無条件刺激がくることを学習することで反応が起こるといった，刺激と刺激の連合，すなわちＳ－Ｓ条件づけ（連合）についてのものである。これは環境中の二つの実在（刺激または事象）間に起こる随伴性であり，実在（または事象）と新生児自身の反応とのあいだの随伴性ではない。したがって，随伴運動については，環境的事象のみの構造をもとに分析可能であるはずだ。これまでの証拠は，ほとんどが自分自身と環境のあいだの随伴性なのである。

　ここで指摘したいことは，自分自身への応答力を観察しなくても，随伴運動をある分類の移動物体に関連づけることができるということだ。こうした状況は，幼児が動物園で鳥や動物と個人的に相互作用しなくても，生物としての概念化を可能にする。生物の動きの随伴性は，

71

関連する経路で説明したように，一匹の生物がもう一匹を追いかけるといった要素だけでなく，障害を避けたり急に加速したりする要素を含んでいる。ジョンソンは，妨害や迂回などいくつかの影響力のスキーマについて述べた［Johnson，1987=1991］。これらは障害回避を記述するために利用可能かもしれないが，生物と無生物の軌跡に分類する必要がある。生物と無生物の違いは，障害への反応として表現できるかもしれない。具体的にいうと，一つは，障害に接触する前に方向を変える軌跡であり，もう一つは，障害にぶつかり止まる軌跡か，跳ね返る軌跡かのいずれかである。

　以上，運動する物体に概念的意味を与える，いくつかの単純な知覚分析の概要を述べてきた。解明されたことは，幼児が知覚の個々の項目を経験に共通の抽象的特徴を包含する表現に一般化するということである。あるやり方で動く物体は自ら動き出し，接触せずに他の実体と随伴的に相互作用するものとして概念化することができる。こうした物体は，動きが異なるだけでなく，自ら動き始めないものであり，また，離れた場所から他の実体と随伴的に相互作用しないものであり，さらに，他の分類の動く物体と比較できるものである。

③無生物性概念としてのイメージスキーマ

　これまで，生物の概念化について集中的に分析するだけで，反対の分類である無生物についてはほとんど言及してこなかった。生物は，幼児の興味や注意を最も引きつける分類であるが，幼児は動く物体すべてに興味を示し，その多くは無生物である。したがって，無生物の概念化は生物に関する観念の形成とともに起きると考えられる。無生物が単なるデフォルトの分類であると仮定する理由はない。恐らく，開始点は無生物が自己運動よりも使役運動を含むという事実にのみある。では，どのように使役運動を表現することができるのであろうか。

　自己運動と使役運動の差異は，使役運動の場合，経路開始に他の軌跡が含まれることが挙げられる。手が物体を拾うと，その軌跡が始まり，ボールがもう一つのボールにぶつかると，ぶつかられたボールが軌跡を辿り出す。

　したがって，そのことから使役運動のスキーマは図8のように示すことができる。矢印が物体Aに向かい，もう一方の矢印はAから出る。二つの軌跡は独立しておらず，Aが運動を開始する場所と時間に，一つ目は終わる，または方向転換する。

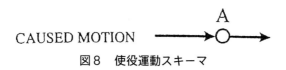

CAUSED MOTION

図8　使役運動スキーマ

　この図は図3と同様，運動の発現を強調するためのものである。軌跡はデフォルトとして直線で描かれている（ただ，これらは多くの使役運動に当てはまる）。手による使役では軌跡はもっと複雑となる。

　生物の動きと同様，発進したボールや車など使役によって動かされた物体の経路の知覚分析は，無生物の（または機械的）運動の表現となる。この観念の最も簡単な例は，図9の「無生物（機械的）運動スキーマ」が示すように，直線によるものである。

INANIMATE MOTION ⟶

図9　無生物（機械的）運動スキーマ

　経路の開始と経路そのものの組み合わせは，「使役運動無生物スキーマ」と呼ぶイメージスキーマを形成する。それは，図10のように示さ

れる。「使役運動スキーマ」（図 8）と「使役運動無生物スキーマ」（図
10）との違いを強いていえば，「使役運動無生物スキーマ」は，「使役
運動スキーマ」よりも，経路の開始と経路そのものが強調されている
ことである。

A

CAUSED-TO-MOVE INANIMATE

図10　使役運動無生物スキーマ

　ところで，ジョンソンは認知意味論の立場から，幼児が概念的把握
を行うとき，「力の強制スキーマ」というイメージスキーマを使用する
と仮定した上で，これを「（ある大きさと方向を伴う）力のヴェクトル，
この力の作用を被る存在者，この存在者がたどる潜在的な道筋」[同前
：61] という内的構造を備えたものであると述べている。このイメー
ジスキーマ的ゲシュタルト（力の前概念的ゲシュタルト）は，図11 [同
前：59，137] のように視覚像で表すことができる（図中の F1 は外か
ら力を与える他の物体 [風，水，物理的対象，他人・群衆など] を，
図の実線は顕勢的な力のヴェクトル，破線は潜勢的な力のヴェクトル
ないし軌道を表す）。

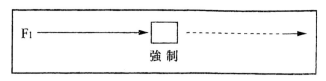

F1

強 制

図11　力の強制スキーマ

　そしてこの「力の強制スキーマ」は，幼児からみて，無生物が行う
動き（運動）そのものである。というのも，無生物の運動では，起点

74

に他の物体からの衝撃（運動）が伝達され，それによって初めて運動が始動されるからである。しかも，**図11**のように，こうして起こる運動（破線で示された，潜勢的な力のヴェクトルないし軌道）は，直線的である。つまり，無生物の運動は，（他の物体の）力のヴェクトル，この力を被るもの，それがたどる直線的な運動の道筋から成り立つ。

　ところで，因果関係の概念は，この類いの知覚から派生するといわれている。最も早くて生後４ヶ月の幼児において，一つのボールがもう一つを発進させる使役運動と，二つの動きのあいだに空間的もしくは時間的にわずかなギャップがある運動を区別することが発見されている。**図８**に示されるように，発進では，第一の軌跡の経路の終点は，移動体Ａの経路の開始となる。これに対して，「非使役運動スキーマ」は，**図12**に示されるように，使役でない場合，一つの軌跡の終わりと次の開始に何の関係もない。

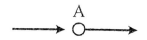

図12　非使役運動スキーマ

　発進は使役運動の実例であり，基礎となるイメージスキーマはすべての使役の理解の基盤として利用可能である。また，無生物の動きの実例も表現できる。無生物は通常まったく動かない物体であるが，動いている場合は使役されて動く。それゆえ，運動の原因そのものは，生物でも無生物でもあり得る。**図８**でＡは無生物を表し，動かされたばかりでなく，無生物の軌跡を辿ることになる。**図12**でもＡは無生物的に動くが，自ら動き出すため変則的な印象を生成する。

　もし，空間分析が因果性の初期表現をもたらすならば，物理的因果性が心理的因果性よりも前に表現されるかもしれない。こうした進行

は，通常の発達で仮定されるものとは逆である。ピアジェによれば，心理的因果性もしくは何かをしようとする意思や努力についての認識は，後に物理的因果性の理解を支える基礎である。しかも，因果性の理解の空間化は，幼児が物体を引き寄せたり押しのけたりすることを何度も経験した後で始まるという。

ところが，近年の観察によると，意図的あるいは意欲的な経験は，因果関係の初期概念形成に不要であり，個体発生的順序づけは正反対であるのだ。たとえば，手が物体に触れずに物体を動かしたように見えた場合，生後４ヶ月と７ヶ月の双方が驚いたというデータがある。つまり，第一の移動体は，第二の移動体の経路開始位置に到達しなかったため，使役運動のイメージスキーマが侵害されたのである。物体は自ら始動したが，通常の生物の動き方をせず，むしろ図9のように，無生物的な動き方をする。そうした表示が，図12と類似の変則を生み出したのである。

ところで，使役とそうでない運動の知覚分析は，有生性と無生性の概念形成のみならず，作用因子の概念の発展にも関与し得る。生物は自ら動く上に，他の物が動く原因にもなり得る。勿論，二つ目の性質が生物を作用因子たらしめている。

図13は，「作用のイメージスキーマ」の表現を示したものである。自ら動き，他の物体Bを動かす原因となる生物Aとして作用が表現される。このイメージスキーマの複雑さは，使役運動無生物のイメージスキーマ（図10）と同程度である。異なるのは，２つの物体があり，Bを動かす物体Aが生物経路を辿るという一点のみなのだ。

図13　作用スキーマ

　幼児期の早期に最もよく見る光景の一つが，人が物体を操作している場面である。通常，これらの物体は，他の状況下ではほとんど動かない。この場合の操作された物体の軌跡は，それを持っている作用因子のものである。これが実行される分析を複雑化するのであるが，恐らく発達を遅くするほどではない。無生物は大抵，まったく動かない物体なのであるが，動くときは経路の開始は使役運動であって，自己運動ではない。また，作用因子が物体を持ち上げた場合を除いて，辿る経路は無生物の経路となる。持ち上げられた場合の経路は，作用因子に随伴する。経路が同伴者と分離した場合——すなわち，作用因子が物体を離した場合——，操作された物体の経路は無生物の動きに戻るのである。

　以上，物体の初期概念にとって重要な空間的運動について述べてきた。付け加えると，幼児は不連続音を聞くときは点線やぎざぎざの円を眺め，連続音を聞くとき連続した線や滑らかな円を見る傾向がある。同様に，音階が高くなっていく音を聞くときは上向きの矢印（恐らく目を上に向けさせる傾向がある）を見て，音階が低くなっていく音のときは下向きの矢印を見る傾向がある。この発見は，ジョンソンとレイコフが述べた量に関する上－下方向に概念化される「上は多く下は少ない」のと同様に，大人がイメージスキーマをある領域から他の領域へと投射する方法と同様の現象であると考えられる。

　④「容器／包含／支持」のイメージスキーマ
　幼児は，こうした理解以外にも，「の中に」「の内部に」という言語表現を教えられる以前に，「容器スキーマ」の形でそうした空間的関係を前言語的に概念化している［Mandler, 1992a：599］。「容器スキーマ」は，図14［同前：90］（次ページ）に示される。

CONTAINMENT (A)

図14　容器スキーマ

　ところで，M.ハイデガーは，「世界内存在（In-der-Welt-sein）」という造語によって，私たち人間（現存在）はあらゆる反省に先立って世界の中（内）に住まい，この世界を了解しながら存在せざるを得ない，ということを端的に表現したが［Heidegger，1977］，この「世界内存在」という言語表現自体，（幼児期に習得される）容器スキーマから生み出されたものであると考えられる。

　話を戻すと，容器スキーマは，**図14**に示されるように，内部と外部および両者を仕切る境界とからなる「内－外スキーマ構造」を有し，自らの身体が部屋，衣服，乗り物から出入りしたり，あるものを他のもののなかに出したり入れたりするなど（**図15a**および**図15b**），「物理的包含」の無数の知覚的，運動的経験の繰り返しによって生み出されてくる一般的，抽象的な構造のことである。

GOING IN 　　GOING OUT

図15a　外側から内側へ　　　　図15b　内側から外側へ

　また，容器スキーマは，その「下位スキーマである〈虚－実〉，〈内－外〉，〈表－裏〉のスキーマは，それぞれ〈容器〉のスキーマに主体的な視点，すなわち中身が詰まっているか否か，内か外か，あるいは，裏か表かを組み込んでいくことによって成立する。」［深田智・仲本康一郎，2008：65］イメージスキーマ同士の関係は，**図16**のように示される［山梨正明，2000：145］。

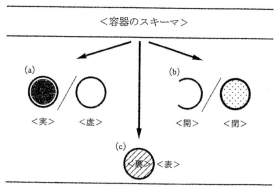

図16　容器のスキーマと関連のスキーマ

　さらに，容器スキーマは，「数学でよく使われる非常に重要なイメージスキーマ」［Lakoff, Nunez, 2001：37］である。イメージスキーマの中には，日常の認知から数学の認知へと移行する契機となり得るものが多々ある。一つだけ取り上げると，G.スペンサー＝ブラウンは，宇宙の存在と，空間に「区別＝差異」を設ける cross（￢），いわゆる指し示す営み（indication）とは不可分であるという仮定に基づいて，ブール代数と類似した「ブラウン代数」を構築した［Spencer-Brown, 1969＝1987］。ブラウン代数においては，囲み込まれた「内部」と，囲み込まれていない「外部」を分割する，この記号表現としての「cross ￢＝境界」こそ，容器スキーマそのものであると考えられる。

　言語を習得する以前の幼児にとって必要なのは，こうした前言語的表象を形成することであり，言語を習得するようになってから，幼児はこうした表象を言語的に記述し直し，洗練していきさえすればよいのである。むしろ前言語的表象としてのイメージスキーマこそ，意味の胚種であり，なおかつ言語的表象（意味）を制約するものとなる。

　話を戻して，**図14，図15a，図15b**について言及すると，「包含」の

79

概念と，「出入り・開閉・支持」などいくつかの関連観念については次のように述べることができる。この観念を表すイメージスキーマは，認知言語学分野で活発に議論されてきた。内側と外側がある境界の観念を持つ，相関した意味の一群がある。こうした観念のアナログスケッチは，軌跡のイメージスキーマよりも静的にみえるかもしれないが，これらスキーマの一部は，容器への物体の出入りや開閉などの境界の動作を射程としている。物体の容器への出入りは，幼児にとってよく見る光景であるに違いない。5ヵ月半児は，閉じられていない境界（たとえば，管のようなもの）が物体を内包していることに驚きを示したという観察記録がある。また，9ヶ月児が隠された物体を見つけるのに，逆さにした容器やスクリーンが使われた場合よりも，直立した容器の方が見つけやすいことを示した。この月齢の幼児は，すでに容器とその標準的な使い方についての概念を有していると考えられる。

　ところで，「包含」は，言語習得前の思考に関係する可能性が高いため，とりわけ重要な観念であるとみなされてきた。既存のデータによれば，それは，初期の概念発達の中にある。包含のいくつかの概念は，9ヶ月児が隠された物体を見つける実験で，閉じ込め容器が直立している場合，逆さの容器や網よりも見つけやすいことが原因である。幼児は，物が消えたり現れたりする場所としての容器の概念をすでに持っている。さらに，直接的な包含の実験では，底のない容器に物が入っているように見える場合，5ヶ月半児が驚くことを示した。これによって，包含と支持の観念は，小さな頃から密接に関係している可能性が示唆されたのである。

　ところで，包含スキーマは，「内部」，「境界」，「外部」といった三つの構造要素を持っている。この観念は二つのことから生じる。一つは「境界」を持ち，「外部」と分かれた「内部」があるものとして物体を捉えることに基づいた，形状の区別の知覚分析である。もう一つは物

体が容器に出入りすることの知覚分析である。飲食，吐き出す，服の着脱を見る，部屋への出入りなど，幼児は「包含」について多くの体験を行う。ジョンソンは，からだを使った経験が「包含」の理解の基礎となると述べたが，そうした経験そのものが知覚分析の実行に必要か否か定かではない。ボトル・コップ・皿などの単純で見やすい容器や，容器に入って物が消えた後に出てきて再び現れる包含の様子について，分析する機会は多数ある。実際，牛乳をコップに出し入れする場面の方が，牛乳を口から出し入れするよりも分析しやすい。とはいえ，包含の分析の始まり方がどうであれ，口に入れるものとしての食べ物の観念は，初期の概念化であると推測される。

　関連について述べたことと同様，容器の概念形成には，複数の関連するイメージスキーマが使われている。一つは包含そのものを意味する。したがって，**図14**では少なくとも部分的に閉じられた空間に物体Aを示すことによって，一つの物が他の物の中にあることを意味する。出入りを意味する関連のイメージスキーマとして，**図15a**のように，移動体が容器の外側から内側へと移動するものや，その逆に，**図15b**のように，移動体が容器の内側から外側へと移動するものがある。

　さらに，容器の初期概念の関連側面として「支持」がある。真の容器は物を包むだけでなく，「支持」をも担っている。物体間の支持の関係が破られたとき，早くて生後３ヵ月児が驚くといわれている。支持の原始的イメージスキーマは，単に垂直方向にある二つの物体間の接触を表現している。**図17**に示されるように，「支持」のイメージスキーマは，物体Aが表面に接触して乗っているものとして表現される。

SUPPORT　　　——A——

図17　支持のスキーマ

さらに，「支持」の理解については数ヶ月中に起こる変化が報告されている。生後３ヶ月では，幼児は物体が表面に完全に接触している場合に「支持」されており，そうでなければ落下すると予想する。生後５ヶ月までには，物体の一部が表面に乗っていれば，「支持」されると予想する。生後６ヶ月までには，部分的だが不十分な「支持」（物体と「支持」する表面が15%重なるという程度）と，十分な「支持」（70%重なるという程度）を区別し始める。これらのデータは，最初期の「支持」の観念は，重力や重心を考慮しないが，少なくともこれらの性質のある側面を数ヶ月中に幼児が学習することを示唆している。

　包含に関係する初期の理解のもう一つの例は，「開－閉」である。ピアジェは，９ヶ月と12ヶ月児について，瞬きのように自分自身が実行するのを見られない行為を模倣する学習中の行動を詳細に調べた。そして，正しい行為の習得前に，幼児らがときに口や手を開閉したり，目を枕で覆ったり外したりすることに気づいた。ピアジェの観察結果は，幼児の知覚分析と，再生産しようとする行為の構造の類推理解の双方について証明している。こうした理解は，そのモノ自身の詳細にかかわらず，何かが開閉する場合，関係する空間的運動のイメージスキーマの事例となる。このイメージスキーマは，静的スケッチで簡単に表現することはできないが，**図15a**と**図15b**のように何かが出入りするような，容器境界の操作を含んでいる。

　レイコフは，包含のイメージスキーマがパーツ同士の関係効力によって意味を持つ，ゲシュタルトのような全体を生成することを指摘した。「入る」ことは，「出る」ことと，そのあいだの境界を考慮しなければ意味を持たない。レイコフは，<u>P or not P</u>（「PまたはPでない」），<u>in or not in</u>（「入る，あるいは入っていない」）や，クラスのブール論理（「もしAがBでXがAならば，XはBである」）など，ある種の論理的関係の有意味性の基礎になるものを，包含スキーマが形成すると

捉えた。そして，集合の意味──以前は集合論モデルの理論中で定義されていたものであるが──についての私たちの直感的理解力は，包含スキーマによると主張した。この考えにおいて意味公準は，非言語的思考を構成するスキーマの命題的解釈であるため，有意味なのである

　理論の直感的理解の基礎に関するレイコフの主張は，後に言語習得や論理的思考となる側面の言語習得前の思考の基礎を，イメージスキーマとしての初期概念の表現がどれだけ提供するのかという点で魅力的である。推論スキーマと呼ぶものをすでに持っていない限り，子どもは「or」のような論理的接続詞を含む文章を理解することは困難である。こうしたスキーマが幼児の能力の中にあるとは断言することはできない。しかしながら，もし，それらが包含のような単純観念の意味の理解から成るのであれば，どこから来たものかはわかりやすくなる。何かが容器の内か外にある（in or out），そして内と外に同時にはない（not both in and out）という意味合いは，容器の観察から空間的に明らかであり，包含のイメージスキーマによって，その他の「or」や「not」の関係に反映させることができる。

　「if-then」についての同類の分析は，**図7a**と**図7b**の関連スキーマから派生するといえる。こうしたイメージスキーマの意味は，非命題的であり，一連の不連続なシンボルから構成されないにもかかわらず，ある類の推測の意味を理解させ得る。この類いのアナログ表現は，関係構造を持っているため，それ自体，言語（または論理）中で述語項構造を作り出す基礎を含んでいるのだ。

　言語習得の適当なモデルを主張する前に，話すことを学ぶ上で意味が果たす役割について解決すべき重要な側面が二つある。一つは子どもの意味表現が何に由来するかについての妥当な論理であり，そしてもう一つは言語学習の促進における使われ方についてである。一つ目

83

の課題については，言語から独立形式での言語習得前の意味の形成方法を示すことによって取り組むことができる。イメージスキーマの特徴づけの動機は，言語習得の説明ではなく，言語習得前に行われるある類いの概念的活動の説明のためである。次に，イメージスキーマが言語習得に役立つと思われる方法についていくつか紹介していきたい。

　イメージスキーマは，幼児が毎日経験する空間構造の表現に基づいており，言語中の各種関係分類の習得にも有用である。とりわけ，「in」や「on」などの前置詞をはじめ，いくつかの関係的形態素は，人間の発達初期に獲得される。こうした関係語の意味は，関係し始めた物体が，知覚の解析機能によって付与されるのと同様に，関連するイメージスキーマによって付与されることになる。関係とは異なり，物体は明示的に識別可能であるというのは真実である。ところが，すでに実行されたイメージスキーマからすると，「in」は包含関係，「or」は支持関係を各々示すことになる。たとえば，生後 20 ヶ月児が the spoon in the cup（コップの中のスプーン）というフレーズを聞く場合である。包含のデータとイメージスキーマによる分析に基づき，他の物体中の物体の分析に，幼児が一年以上の経験を積んでいると仮定することができる。二つの物体をよく知っている関係で結びつけるため，一つのイメージスキーマを使うことができる。「in」を指し示すことはできないにもかかわらず，それは意味体系に加えられる。この考えの裏づけは，これまでに研究されたすべての関係言語において，「in」と「on」は最初に習得される位置を示す語であり，習得時に（少なくとも英語では）ほとんど間違いがないことに求められる。

　ところで，「in」と「on」の違いは，知覚的なものでない。知覚システムは，言語が明確に区別する傾向がある繊細な段階的変化を多数作成する。言語の区別はしばしば，バイナリーの対立であり，さらに再区分される場合の数は少ない傾向にある。言語がこれらの切れ目を作

る場所はさまざまであり，その学習には言語を聞くことが必要である。ところが，切れ目がどのように作られようとも，非言語イメージスキーマによって表現される根本的意味の枠組み内で解釈されるのである。つまり，空間的知識の言語上へのマッピングに必要な作業は，言語習得開始前にすでに達成されているのだ。遭遇する無限の知覚表示の数々が示唆する，無数の意味のバリエーションについて考える必要はまったくなく，意味を持つ区切りはすでに実行されている。イメージスキーマは，自己運動と使役運動の場合のように，大まかにバイナリー区分を提供する。それゆえ，それは命題化によく適している。他のものはバイナリーの対立ではないが，包含や支持など，人間の思考の土台となる概念を表現している。子どもに残された課題は，自らの言語がこれらの区分をどのように表すのか発見することである。

　最後に付け加えて置きたいのは，一見，空間的でない概念の基礎となる空間分析の例となる，「所有」についてである。「所有」は，たとえば，生物が物体と特定の社会的に認められた関係を享受する，所格の状態と定義されている。また，幼児は「所有」という概念の社会的側面をまだ理解できず，主に所格の側面に関心を向けている。移動体のイメージスキーマが社会的領域に未反映のため現れると考えた。所格「to」を使って表される最初期の意味は，恐らく経路の終点として表現される空間的目的地である。経路の開始に着目するとき，生物または無生物の運動物体の性質を強調するのと同様に，経路の終点に着目するとその目的地が強調される。最も単純な感覚で，物体が停止する場所は，その物体が「属する」場所なのである。

⑤幼児のイメージスキーマ

　以上述べてきたことをまとめると，私たち人間は，発達初期から何段階かの複数レベルの記述によって情報を表現することができる。

第一のレベルは，物体とその動き（事象）を文法的に説明し，知覚分類する処理装置からの出力で構成される。つまり，物体とその動きについて解析し，分類する知覚システムの結果によるものである。このレベルの表現は，多くの動物種で見られるものと，およそ類似していると考えられる。

　第二のレベルは，物体と事象を，幾つかの知覚的な性質を持ちながらも，処理した元情報のほんの一部しか含まない，異なる形態の表現に分析する能力を持つ。

　第三のレベルは，空間的で，イメージスキーマによってアナログ形式で表現される。それは，これらの情報の一部のシンプルであるが，アナログのフォーマットへの書き換えから成る。したがって，このレベルでの情報は，空間的でイメージスキーマによって表現できる。たとえば，自己運動，使役運動，包含などのスキーマは，心が表現する初期の意味を形成する。このレベルの記述は，さらなる発達の数々を可能にする。つまり，この類いの知覚分析を実行する能力が，すでにあるイメージスキーマの単なる組み合わせではない，新たな概念形成を可能にする。その意味で，イメージスキーマは，生産的システムだといえる。このレベルの表現は，生命体が潜在的に利用可能な概念システムを形成する。そのためには，イメージを形成し，記憶し，後に計画するために利用される情報が含まれる。同様のレベルの表現は，霊長類や，恐らく他の哺乳類にも存在する。感覚システムの細目の機能が関係することから，フォーマットは恐らく多様となろう。勿論，人間にはさらに上位の段階として言語という表現がある。イメージスキーマから言語へと移るために必要なステップの性質が何であれ，それはさほど大きなものではない。このことは，少なくとも，概念のない生命体から概念を有する（したがって，話す）生命体へと移行するために必要とされるほど大きくはない。

　さらに，イメージスキーマは，記憶・単純な推論・類推などを目的とした，世界の概念化を可能にする利用可能な表現システムの基礎を提供する。同等に重要なのは，言語習得を支える基礎を提供することだ。幼児期の「より高度な認知機能」の証拠が増えていないとしても，言語の発現を説明するため何らかのレベルの表現を必要とする。理解されていない知覚的出力への言語のマッピングは，不可能なタスクであるようにみられる。イメージスキーマは，無数に異なる知覚的表示を限られた数の意味に変換し，そしてさらに言語の形へと書き換える。

　すでに幼児が知覚的行動から意味を導き出す知覚分析のメカニズムについて述べてきたが，このメカニズムは，知覚情報のイメージスキーマ形式への書き換えに利用される。イメージスキーマは，物体やその動きの空間的構造から概念構造を作成し，その結果として生物・無生物・作用・包含などの観念が生成される。これら初期の意味は幼児の知覚世界に根づいた，非命題的で類推的な表現である。このような方法で分析されることがないほとんどの知覚プロセスとは異なり，イメージスキーマ的フォーマットへの書き換えは知覚情報を単純化し，概念や思考の形成に向けて潜在的に利用可能にする。イメージスキーマは，言語習得前の思考を可能にするのに加えて，継続的な知覚の処理と言語の離散性を結びつけることによって，言語習得の基礎を提供するのである。

　幼児期の発達の中でほとんど解明されてないのは，どのように幼児が思考できるようになるのか，すなわち知覚分類を超えて概念を形成するようになるのかということであるが，それについて考える場合，知覚分析のメカニズムにより導出されるイメージスキーマの形成（知覚情報のイメージスキーマ形式への書き換え）はことさら重要となるのである。

3. 隠喩的投射と意味形成

（1）日常事象と隠喩的投射

　前述したように，認知意味論とは，概念形成やカテゴリー把握における身体の意義を発見し，そのことを想像構造の二つの型，すなわちイメージスキーマと隠喩的投射として具体化する「理解の意味論」のことである。イメージスキーマについてはすでに詳述したので，次に，隠喩的投射，特に典型的な事例を取り上げることにしたい。

　ここでまず取り上げたいのは，前述した「垂直性スキーマ」である。繰り返すと，垂直性スキーマは，私たちが環境（外界）とのかかわり，特に知覚的相互作用と運動プログラムに繰り返し現れる動的パターンの一つであり，こうした経験から意味に満ちた構造を取り出す場合に創発してくる，「上－下（UP － DOWN）」という方向づけのことである。そして，こうした垂直性スキーマは，想像力を介して，それが創発した一定の経験的な領域から別の経験的な領域へと隠喩的に投射されていくことになる。私たちは，身体に基づく物理的経験（上－下という垂直性スキーマ）を利用することによって，具体的なもの（物理的な領域）から抽象的なもの（文化的な領域）への隠喩的投射，すなわち隠喩的理解をしていくのである。その意味で隠喩的理解は，理解の拡張となる。

　ここで，さらに注意すべきことは，たとえば「上－下（UP － DOWN）」という方向づけ（方位）から成る垂直性スキーマにおいては，量的に「より多く」（増加）が「上」に方向づけられる（定位される）ものとして理解されることである。一言でいうと，「多い方が上」ということだ。「多い方が上」という隠喩は，認知意味論では「はかりスキーマ」［同前：248］と名づけられる。

　「このように，『より多くと上』は，私たちの経験において相関している。この相関によって，量に関する私たちの抽象的理解に対し物理的基礎が与えられるのだ。」［同前：19］さらに，この「はかりスキーマ」は，規範的性格が与えられる。つまりそれは，あるものを多くあるいは少なく持つことが，良かったり悪かったり，望ましかったり望ましくなかったりするといった特徴を帯びている。この規範的性格によって，「望ましい」は「上」，「望ましくない」は「下」に各々配置される。

　要するに，具体的，物理的存在者が経験されるときに創発するこの「垂直性スキーマ」——「上－下（UP － DOWN）」——が，私たちの経験を通して「より多い（more）」と「上」が相関しつつ，たとえば給料，成績，景気等々といった抽象的存在者の経験領域へと隠喩的に投射（理解）されることによって，「上＝より多い＝望ましい」／「下＝より少ない＝望ましくない」という価値指標が制作されていくのである。そのことをまとめたものが，96 ページの**図18**［Lakoff ＆ Johnson，1980=1986：30］である。図中にある「経験的基盤（Experiential Base）」とは，イメージスキーマそのものが，私たちの身体（肉体）的経験に基づいていることを表している。

　ではあらためて，給料や成績が「上がる」ことはなぜ良いのか——その答えはもはや明らかであろう。その理由は，私たちが「上－下（UP － DOWN）」という，垂直性スキーマとしての方位的隠喩と，「上＝より多い＝望ましい」／「下＝より少ない＝望ましくない」という価値指数とを掛け合わせたイメージスキーマを持っていて，それをさまざまな日常的な文化領域へと隠喩的投射・理解しているからなのである。強調すべきことは，そうした隠喩的投射・理解は，私たちの身体に根づいているがゆえに，私たちはこうしたスキーマから観念的に解放されることが至って困難だということである。だからこそ，給料や成績

が「上がる」ことは無条件に「良くて」，物価や評判が「下がる」ことは無条件に「悪い」ということになる。

　認知言語学の山梨正明によると，方位性に基づく比喩表現の典型例としては，前述した例も含めて次のものが挙げられる［山梨正明，1988：51-52］。なお，引用箇所に敷かれた下線は筆者が付けたものである（また，引用にあたって表示形式に変更を加えている）。

　①「今日は収入が<u>上がった</u>。」：「多－上」
　　「彼の給料は<u>下がった</u>。」　：「少－下」
　②「生活の質が<u>上がった</u>。」　：「良－上」
　　「あの製品の性能は以前に比べて<u>落ちている</u>。」：「悪－下」
　③「彼はいつも他人を<u>見下し</u>ている。」：「支配－上」
　　「それは政府の<u>管理下</u>にある。」：「被支配－下」
　④「その議論は感情的なレベルにまで<u>落ちて</u>しまった。」
　　：「非理性－下」
　　「もう少し知的なレベルまで話を<u>上げよう</u>。」：「理性－上」

　また，山梨によると，知識に関しては，「未知」が「上」，「既知」が「下」の方位性を持っている［同前：52］。

　⑤「その論争はようやく<u>決着</u>がついた。」：「既知－下」
　　「これにて<u>一件落着</u>！」：「既知－下」

　では次に，この，方位的隠喩と価値指数のセットから成るスキーマを実際の教育現場で発現される歴史認識に適用していくことにしたい。

　（2）文化領域と隠喩的投射──二つの事例

①歴史認識と隠喩的投射

ところで，隠喩的投射は，日常的な状況に埋め込まれた活動として探究していくとき初めて，私たちにとって有意味な活動として位置づけられることになる。それでは次に，日常的な状況に埋め込まれた活動としての隠喩的投射概念を，日々営まれている，学校でのごく普通の授業実践，特に歴史教育実践へと焦点化しつつ検討していくことにしたい。ただ，隠喩的投射と歴史教育実践との接点を明確にするために，場面設定をあらかじめ限定しておくことにする。なお，歴史教育実践を分析するにあたっては，その先駆的研究（先行研究）として［山崎雄介，1994：90-94］を参照した。

ところで，中学校一年生を対象とする世界史の教科書の中に，古代ローマを取り扱う箇所がある。社会科教師，安井俊夫は，古代ローマを教育内容として子どもたちに教える場合，何を重点的事項とすればよいかについて十分教材研究した結果，彼は第一時にローマの歩みと農場で働く奴隷たちを扱った上で，第二時に蜂起する奴隷たち——「スパルタクス蜂起」というテーマ——の実践を行った［安井俊夫，1982：58-84］。特に第二時に，子どもたちが「蜂起した奴隷軍の勢力が強大になってきた」ことを学習した後，彼らが「ローマ攻撃か，それともアルプスを越えて故郷をめざすか」といった選択を迫られることになったが，この場面こそ，この実践のクライマックスと呼ぶに値する箇所である。教師は，スパルタクスに関する歴史的事実（結果）をあらかじめ子どもたちに教えるのではなく，奴隷たちの悲惨な状態や気持ちなどを考えさせることによって彼らに「ローマ攻撃」か，それとも「アルプス越え」かを選択させていった。

その結果，子どもたちの多くは，「ローマに攻撃して残された奴隷も解放すべきだ」という理由で「ローマ攻撃」を選択した。安井によると，子どもたちの大半がローマ攻撃を選択したのは，彼らが「（それま

で）得た知識（奴隷のくらしと自由解放へのねがい，蜂起の事実）を
もとに，（彼らが）自分の欲求をも混えて想像をめぐらすことによって」
［安井俊夫，1994：77］である。そのことはまた，子どもたちが悲惨
な状態に置かれた奴隷の立場に共感し，自らもまた，彼らとともに自
由解放を求める気持ちを共有していったことを意味する。つまり子ど
もたちは，自由解放への奴隷の要求や願いを頭の皮一枚で認識したの
ではなくて，自らも行為主体となってそれを実現したいと考えたので
ある。したがって彼らは，奴隷そのものになって，あるいは奴隷の視
点に立って，歴史的な判断を行っていると考えられる。子どもたちは
共感によって歴史上の登場人物に同化したまま，そこから歴史を捉え
ようとしている。見方を換えると，子どもたちは歴史の現実を過去の
単なる事実の集積体と捉えていくことはできない，あるいはそうした
捉え方が不得手であると考えられる。

　しかしながら，子どもの立場に立つ，こうした歴史教育実践は，歴
史学の体系や歴史発展の法則を重視する歴史学の立場からみて，科学
的ではないという理由だけで批判されてしまうことが少なくない。た
とえば，この「スパルクタスの蜂起」でいえば，子どもたちの多くが
自分なりの思考と判断で「ローマ攻撃」を主張したにもかかわらず，
歴史的事実としては，奴隷軍はローマ攻撃というコースを選択しなか
った。また，彼らがその根拠として考えた，ローマ攻撃によって残り
の奴隷を解放するということも，歴史的条件を考慮すればまったく不
可能なことなのである。

　この点に関して歴史学の立場に立つ土井正興は，子どもたちのロー
マ攻撃論が共感に基づく真摯な主張であることを認めながらも，次の
ように，安井実践を批判している。すなわち，「そのすじ道（子どもの
追求）が古代における歴史の現実にあっているかどうかはまったく問
題が別なのである。そしてそのことが，『歴史の現実』とあっているか

どうかを考えさせることこそ，『共感』を『科学的社会認識』に高める
きっかけをつくることになるだろう」［同前：76］，と。そして土井は，
「当時のローマ権力と奴隷大衆との力関係からするならば，ローマ権
力の打倒による奴隷の解放などということは，実現不可能であり，…
…ローマの力を認識すればする程，そうでない，より実現可能な解放
の道を求めざるを得ない」，「そして，奴隷制社会の現実についての（こ
のような）認識が不十分なままローマ攻撃論を展開すれば，それは共
感に基づく主観的願望を歴史のなかに投影することで終わってしまう
であろう」［同前：78］と述べている。

　また，これ以外の安井実践に対しても，従来，歴史学の立場から類
似した批判が多々なされてきた。その一例を挙げると，「その後，歴史
学の体系といいますか，科学的な見方というか，そのへんをどうやっ
て子どもにつかませていくのか，その点がわからない」，「(歴史学の体
系というのは) 既成のものを教えるという意味の体系ではなくて，歴
史の流れをどうつかませるか，という意味です」［安井俊夫，1977：
243-244］，とか，「その時代に入りこんでしまって歴史がわかるのか，
歴史は今生きて闘うなかで過去から教訓をくみとることで，過去に埋
没することではない」［同前：245］，と。これらはいずれも，安井実践
の非科学性を批判したものである。

　こうした批判に対して，安井は歴史教育の内容が歴史学の成果にだ
け依拠するのではなく，歴史教育実践の成果にも依拠していることを
強調しつつ，あくまで子どもの立場から歴史をみていくことを提言す
る。安井からすると，「科学的社会認識」や「科学的な見方」という概
念のもと，歴史の現実（客観的な事実）に子どもたちを誘導していこ
うとする，これらの歴史学の立場こそ，固定的な捉え方という意味で
「非歴史的」な歴史認識にすぎないのである。それどころか安井は，
共感を重視しながら，学習者主体に行ってきたはずの彼自身の授業実

践さえも，子どもからみると，依然として歴史学の体系や歴史発展の法則に固執し，その既成観念に引きずられているのではないかと自問自答している。[同前：244]

　たとえば，小作争議の授業後，ある子どもは作文に「先生の授業は，大きなものが小さなものを押さえて，小さなものが苦しめられて，小さなものが団結して，大きなものをやっつける，ということばかりやっているから，小さくても集まれば強いということが強く頭に残っている」[同前]と書いている。ごく普通の教師からみると，この子どもは，農民の抵抗を「小さくても集まれば強い」という歴史の法則として系統的に習得しているようにみえる。ところが，安井にとっては，こうした知識習得の仕方は，「……ということばかりやっているから」と箇所に示されるように，子どもがあらかじめ，教師が意図する「授業のすじ道」——それは同時に「歴史のすじ道（流れ）」と重なるが——を鋭敏に読み取り，なぞっているにすぎないのだ。安井からみて，こうした子どもの作文は，自分の実践の成果を示すものどころか，反対にその問題点を指摘するものでしかない。

　もう一例挙げると，彼は「私（安井）が，『大和の豪族が，東国にまで力をのばしてきた』と，歴史のスジ道を語っているとき，Kは，東国人民になりきっていて，つまり，歴史の現場に入りこんできて，自分もその一員になったつもりで勉強していた」[同前：247]と述懐している。つまり彼が，無自覚のうちに「大和の豪族」という支配者の視点（立場）に立ちつつ，その単一の視点だけから「歴史のすじ道」を子どもたちに系統的に教えているとき，Kに代表されるように，彼らは東国に生きる住民の生活（コンテクスト）に注目しつつ，すでにそこに入り込んでその住民のひとりとして考えているのである。

　言い換えると，安井実践は，自らが無自覚に前提とするこうした歴史学の体系（歴史のすじ道）に幾度も立ち向かい，それをくぐり抜け

ることを通して確立されてきたと考えられる。したがって，歴史教育実践の立場という場合，教師が「歴史のすじ道」（＝系統的な知識）を媒介とする「授業のすじ道」（＝授業方法）に安易に依拠することなく，どこまでも子どもの視点に立ちつつ，子どもとともに歴史を理解し，再構成していこうとする立場のことであると規定し直すことにしたい。それでは，歴史学の立場と歴史教育実践の立場の相違とは何に基づくのであろうか。この点を次に認知意味論に基づいて分析していきたい。

　ところで，歴史学の立場と歴史教育実践の立場との決定的な相違は，前述した次の文章に明確に表現されている。つまり，歴史学の立場からみると，歴史教育実践の立場が「共感に基づく（子ども自身の）主観的願望を歴史のなかに投影すること」にすぎないというものである。だからこそ，後者の立場は，その立場を主観によって歴史の現実を歪曲化させた非科学的な歴史認識に過ぎないと批判するのである。

　これに対して，歴史教育実践の立場は，共感に基づくこうした投影――この場合，隠喩的投射と呼ぶのが適切であるが――を，「子どもの思考過程を自分自身のものとして主体化＝『人格的に意味あるもの』にする」［安井俊夫，1994：75］活動，すなわち知識のパーソナル化を行う活動とポジティブに捉えている。むしろこの立場から見ると，学習主体による隠喩的投射をまったくともなわない歴史認識はあり得ない。そのことから，両者の立場の相違は，投射（隠喩的投射）に対する捉え方の違いに収斂すると考えられる。

　それでは見方を換えて，歴史学の立場では，歴史認識を行うにあたって一切投射を行っていないのであろうか。それは否であろう。というのも，この立場もまた，たとえば「歴史発展の法則」を示唆する「歴史のすじ道」という隠喩を歴史事象へと投射している（隠喩的投射をしている）からである。認知意味論によると，この「すじ道」とは，「(a)起点，ないし出発点，(b)目的地，あるいは到達点，(c)起点と目的地を

結びつける一連の隣接する場所」から成る「道スキーマ」[Johnson, 1987=1991：236] というイメージスキーマに対応する。ただこの「すじ道」が，実質的に「歴史の発展」や「歴史の進歩」を意味することを考え合わせるとき，それを単に「直線的（リニヤー）」な道スキーマというイメージスキーマに回収させることはできない。

　実は，ジョンソンが述べるように [同前：250]，道スキーマを修正して，あるいは変形して表したものに「はかりスキーマ」が存在する（表4参照）。すなわちそれは，「多いほうが上だという隠喩」[同前：248] によって示される代表的なイメージスキーマである。しかも，このはかりスキーマは，（修正・変形以前の）道スキーマには見られない次の特徴が加えられる。つまりそれは，①固定された方向性を持つ，②特別な種類の累積的性格がある，③規範的性格が与えられる（あるものを多くあるいは少なくもつことが，良かったり悪かったり，望ましかったり望ましくなかったりする），④はかりに目盛りをつけて，正規の，離散的で固定した測定単位とすることができる（計測性を有すること），である [同前：250-251]。なかでも，「歴史の発展」に関しては，③の点が重要である。いま，この点を強調してはかりスキーマが意味することを図示すると，図18 [Lakoff, 1980=1986：30／山梨正明，1988：52] になる。

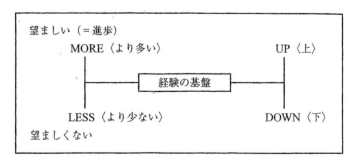

図18　方位的隠喩と価値指標

　図18が示す通り，「歴史の発展」は方位的な隠喩では「上」，古代を
はじめそれ以前の発展段階は方位的な隠喩では「下」に配置されるこ
とになる。そして，その規範的性格により，「望ましい」は「上」，「望
ましくない」は「下」に配置される。平たくいうと，「進歩＝上」は望
ましく，それよりも「下」は望ましくないといった価値指標が付され
ることになる。

　このように，「歴史の発展」もしくは「歴史の発展段階」は，はかり
スキーマという原初的な空間概念（イメージスキーマ）に基づいて形
成されたものであることが明らかである。言い換えると，具体的，物
理的存在者が経験されるとき創発するこのはかりスキーマが，歴史と
いう抽象的存在者の経験領域へと比喩的に投射されたものが「歴史の
発展」や「発展段階」という概念にほかならない。

　こうして，普通，顕勢化されない「歴史のすじ道」は，はかりスキ
ーマといった特定のイメージスキーマ──価値指標を表す方位的隠喩
──の隠喩的投射によって形成された所産であり，それを前提とする
歴史教育実践自体，次に取り上げる脳死問題で浮上する「中心－周縁
スキーマ」とまったく同様に，誤った隠喩制作であることが明らかに
なる。ここに至って，特定のイメージスキーマを用いた安井自身の自
問自答や述懐の意味が理解されてくる。その意味で，歴史事象への特
定のイメージスキーマの隠喩的投射（制作）に対してまったく無自覚
なまま──何よりもそれを自省していく構えやその方法を持てないま
ま──，子どもたちが歴史的事象を共感によって自分自身の切実な問
題として捉えつつ，それを自らの身体経験とイメージスキーマによっ
て考えていこうとする安井実践に対して批判の矛先を向けていくこと
は，見当違いであると考えられる。しかもそれに加えて，認知意味論
が従来の客観主義的な意味論を批判するのとまったく同じレベルで[注3]，
歴史学の立場が特定の言語的定式化を通して歴史の意味を子どもたち

97

に教え込もうとすることも——いわゆる教育方法学における言語主義もしくは概説型授業——あわせて厳しく批判していく必要がある。

このようにみると，有名な進歩史観や唯物史観は，身体的経験であるイメージスキーマ，すなわち見えない空間的スキーマに私たちの意識（この場合は，歴史意識や歴史認識）が出し抜かれた結果産出されたものだといえなくはない。それらは，イメージスキーマが，私たちの歴史意識や歴史認識を間違った方向へと誘導してしまう典型なのである。歴史的事象のみならず，私たちのさまざまな意識や認識のありようには，無意識的かつ無自覚的な形で，こうしたイメージスキーマが浸透している可能性がある。次に挙げる脳死問題もまた，その典型の一つである。

②脳死問題と隠喩的投射
——「中心－周縁」イメージスキーマの適用

さて，私たちは日常，想像力を介してさまざまな隠喩的投射（なぞらえ）を行っている。にもかかわらず，私たちはそのことを自覚することがほとんどない。ところがそれでも，脳死問題を考えるとき，そのことを自覚せざるを得ない。要点だけを述べると，脳死問題を通して，私たちの大半は脳という特定の身体器官を人体の「中心」とみなし，したがって「脳死」を「人の死」とみなす傾向があるという事実があらためて確認される。こうした傾向は，極端な脳死肯定説を唱えるパーソン論のみならず，大半の研究者やごく普通の人々が暗黙裡に認めている。

脳死問題について考えていくとき，まず気づくことは，「脳死は人の死か否か」についての判断には必ず，ある特定のイメージスキーマおよびその隠喩的投射が想定されているということである。つまり，「脳死＝人の死」とみなす常識的な立場，ジョンソンのいう「中心－周縁」

スキーマというイメージスキーマを暗黙裡に用いつつ，それを人体という経験領域に投射し，その結果，〈個体のアイデンティティにかかわる重要な部位（脳），すなわち「中心＝脳」／そうではない「周縁＝脳以外の身体器官」または末梢器官〉という観念（隠喩）を制作しているのである。それは図19の右のように表される（なお，図19の左は，「中心－周縁」スキーマ［Johnson，1987=1991：252］である）。

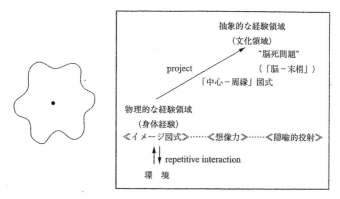

図19　中心－周縁スキーマ（左）と脳死問題への投射（右）

図19の右に示されるように，世界はまさに隠喩によって制作される［Goodman，1978=1987］。そして従来，脳死をめぐる論議は，常にこの「中心－周縁」スキーマの隠喩的「投射＝制作」の振幅のなかで展開されてきたのである。

それに対して異議を唱えたのが，免疫学的思考を重視する研究者であり，彼らは個体のアイデンティティを，高次の自我意識（心，意識，理性）を表す「わたし」ではなくて，その基底に見出される（身体全体に広がっている）免疫システム，すなわち身体的自己としての（もうひとつの）「わたし」に求めた［多田富雄，1993］。

この場合，個体のアイデンティティは，最下層レベルのアイデンテ

ィティとしての免疫システムに見出されることになる。重要なことは，免疫システムを重視する立場が，脳死を容認する常識的立場が暗黙裡に選択する「中心－周縁」スキーマとその隠喩的投射を意図的に忌避しているということである。一見，この立場は，「中心＝免疫システムを持つ身体／周縁＝それ以外の身体器官，特に脳」という隠喩制作を意識的に行っているようにみえるが，実際にはそうではない。免疫システムもしくは末梢神経を重視する立場は，無意識的な形で私たちを規定している「中心－周縁」というイメージスキーマおよびその文化的な領域への隠喩的投射を学問的レベルで拒否しているだけなのだ。見方を換えると，この立場に立つ人々が，免疫システムや末梢神経を重視しているからといっても，「中心」を脳以外の特定の身体器官に置いているわけでは決してない。

　繰り返し強調すると，こうした立場の人たちは――たとえ，彼ら自身，そのことに自覚的でないにしても――，〈中心＝脳という機能／周縁＝脳（心）以外の身体器官〉という隠喩的投射を日常的レベルにおいて拒否しているわけでは決してない（恐らく，彼は脳死問題以外の事柄に対しては「中心－周縁」イメージスキーマを適用していると思われる）。脳死問題を通して例示してきたように，ある特定のイメージスキーマおよびその文化的な領域への隠喩的投射は，私たちにとって見えない枠組みとなってしまっているのである。それを先入見またはバイアスと言い換えてもよい。

　以上述べてきたように，私たち人間は発達初期の段階から，視覚優位のもとでの，知覚分析もしくは知覚意味分析を通して，個別的，具体的なイメージでもなく，一般的，抽象的な言語・概念でもないイメージスキーマを一挙に獲得し，それを用いて世界を知覚的にカテゴリー化するとともに，意味の根源を捉えていく。したがって，幼児においても身体を介して世界は有意味なパターン，形態（ゲシュタルト），

規則・秩序，統一体として理解されているのだ。そして，幼児は認知発達するにともない，物理的な経験領域に属する一連のイメージスキーマを想像力によって文化的，抽象的な経験領域へと隠喩的に投射（写像）することによって概念を理解したり使用したりするのである。つまり，幼児の中に醸成されるイメージスキーマは，概念や意味を形成するベースとなり得る。ここで取り上げた「給料が上がった」とか「成績が下がった」等々は，発達初期に醸成されたイメージスキーマに基づく（由来する）ものであり──「上－下スキーマ」を日常的な経験領域へとメタファー的に投射したものであり──，これらの表現からもわかるように，私たちは生涯，意味の根源としてのイメージスキーマに無意識的な仕方で規定され続けるのである。ののっぴきならない事例が，進歩史観のような偏った歴史認識の基底にあるイメージスキーマであり，脳死問題を通して主題化される「中心－周縁」スキーマである。この類いの事例は，歴史認識や脳死問題以外にも気づかれない形で多々あると思われる。これらの事例は，イメージスキーマが隠喩的理解として私たちの考え方や捉え方を無意識に誘導してしまうものだけに，今後，注意を要するであろう［白井恭弘, 2013：128-149］。

Intermezzo.4　家電の進化とイメージスキーマ

　従来，家電は人間の命令にしたがうだけの装置にすぎなかったが，近年，お掃除ロボット・ルンバをはじめ，家電の側から人間に働きかけることができるようになってきた。いわば，家電が人間に語りかけてくるように変化してきたわけだ。いまは，単なる便利さを超えた真の快適さを求めて人間が家電と幸福に暮らす時代が到来しつつある。
　ところで近年，ルンバにはその中央にアニメキャラの絵を描いた円盤を取り付けたものや，亀の甲羅を模した円柱を取り付けたものなどが登場しつつある。

こうした家電の萌え現象のことを「萌え家電」と呼ぶが，それはますます高度かつ緻密なものになりつつある。このように，これまでは家電にアニメキャラなどを取り付けるだけであったが，ロボット工学の開発者たちは，人間（利用者）にとって萌え家電を可愛らしく，愛されるものへと近づけるために，より一層研究を進めている。

　ところで，こうしたロボット工学者たちの萌え家電プロジェクトの大原則には，二つの基本的な考え方がある。一つは，人間は無意識にモノを擬人化しているということであり，もう一つは，個別の機器（家電）をデザインするときには，どのような要素が擬人化を強めるのかということである。

　まず，人間は無意識にモノを擬人化している点から述べると，それは，人間は人間以外のメディア，たとえばコンピューターや音声などとコミュニケートしていても，人間に対するのと同じように反応するということである。つまり，人間は，コミュニケーションの相手が人間でもメディアでも反応は同じであるという法則，すなわち「人間＝メディア」という等式が成り立つということである。とりわけ，日本人は生来，アニミズム文化を有することにより，何に対しても容易に生き物的な現象や感情的なことを見出し，投影（投射）してきた。つまり，日本人は元々，アニミズム文化の影響により，擬人化という行為のハードルが極めて低いのである。擬人化は，人間に擬するもしくは模する対象をより身近にする行為にほかならない。対象の擬人化は，対象（モノ）により深くコミットすることにつながる。相手がコンピューターだと意識の上では認識していても，実際にはコンピューターがあたかも人間であるかのように無意識に反応してしまうのである。

　次に，個別の機器（家電）をデザインするときには，どのような要素が擬人化を強めるのかについてであるが，家電の中でもロボット家電は，人間性もしくはキャラクター的な印象は図抜けている。その理由について，ロボット工学者の山田誠二は，ある対象からキャラクター性を感じる要因の一つとして「生物性」を挙げた上で，生物性を感じるための条件として，次の二つを提示して

102

いる［山田誠二，2007：38］。

　その二つとは，①自己推進運動，すなわち自発的な運動をしていること，②目的指向性，すなわち目的を持って動くこと，である。確かに，二つの条件が挙げられているが，実質的には，これら二つは類似したものだと考えられる。

　まず，①自己推進運動とは，外界からの力ではなく，自分の力だけで動いているという性質を意味する。たとえば，坂道を重力に任せて転げ落ちるボールがあれば，これは，単に受動的に動いているだけであり，到底，自己推進運動とはみなせない。一方，重力に逆らって坂を登るボールであれば，これは，何らかの力を発揮していると考えられるので，自己推進運動だとみなすことができる。

　次に，②目的指向性とは，動きに目的があることが感じられるという性質である。広義には，意志が感じられることも含まれる。いま，目的とか意志を総括して「心的機能」と呼ぶことにすれば，「心的機能があるように感じられる」ということになる。つまり，人間が他者（モノ）の振る舞いに対してその目的や意図を想像し，次の行動を予測することができることになる。

　以上の二つから，どのような家電が人格やキャラを持つものとして認識されやすいのかというと，まず何よりも，①自己推進運動，すなわちユーザーからの命令・指示待ち，受け身だけで動くのではなく，自発的に動くことが不可欠ではないかと考えられる。というのも，ユーザーがいちいち命令・指示をしなくても，家電なりに自発的に動くことは，利用者からみてその家電に命や生命を感じとることになるからである。その意味で，ルンバは充電が少なくなると，自ら充電器のある場所に移動し（＝自己推進運動），充電作業をすることは，利用者がルンバに命を感じることになると思われる。このレベルまでくると，家電は擬人化を超えた次元に達しているといえる。

　ところで，筆者は，すでに述べたように，初期発達過程で乳幼児が一気に身につけるイメージスキーマについて研究してきた。結論から述べると，家電（萌え家電）が進展する契機となる，擬人化およびその強化としてのデザインは，

103

乳幼児が獲得するイメージスキーマと符合するということである。前述したように，乳幼児は発達初期において非生物の運動と生物の自己運動を区別する，独自の図式を持っていることが解明されている。つまり，この場合の「生物／非生物」の運動の差異こそ，家電に生命を感じるか，感じないかの差異となる。前述したように，家電に生命を感じるのは，家電が自己推進運動や目的指向性といった性質を有する場合であるが，特に，自己推進運動は乳幼児が所有するイメージスキーマの「自立的な動き」と符合するのである。

　以上のことから考えると，利用者からみて生命を感じる家電（萌え家電）の動きは，発達初期に乳幼児が有している，イメージスキーマとしての生命体の「自立的な動き」を再現したものではないかと考えられる。あるいは反対に，イメージスキーマの理論を家電（萌え家電）の動きに応用することによって，もっと生命体を感じさせる，愛しい家電が開発される可能性も考えられる。家電（萌え家電）のこうした性質については，イメージスキーマ概念からアプローチすることができることがわかる。

Ⅳ．意識系における高次のプロジェクション
── 表象としての因果律と前理解

　Ⅱ章で述べたように，本章では，「意識系」に相当する意図的プロジェクションの典型である「表象」，なかでも，日常において頻繁に使用される「原因」－「結果」から成る因果律（因果関係）と，現実の対人関係や読書行為で使用される前理解について述べることにする。なお，本章は，筆者が以前，執筆した『驚きの因果律あるいは心理療法のディストラクション』を底本としている［中井，2017］。ただ，注意すべきなのは，「意識系」におけるプロジェクションは，「表象」全般に及ぶことから，ここで挙げる因果律と前理解は，「表象」のごく一部にすぎないということである（とはいえ，「表象」の中でも最重要なものであることに相違ない）。

　これから述べる，因果律と前理解のプロジェクションは，私たち人間にとって馴染みの深いものであり，普段，意識的，意図的に行っているプロジェクションである。ただ，私たちはそれらを無自覚に行うだけで，それらの行為が正しいかそうでないかについて自省することはない。したがって，この類いのプロジェクションもまた，それが正しくなくても，変更したり修正したりすることが困難なのである。

　ではまず，因果律およびそのプロジェクションについて述べることにしたい。

1．表象としての因果律の時間

　背側視覚路の機能を踏まえつつ，「行動」について述べたように，「行動」は，私たち人間を含め，すべての動物が環境に埋め込まれつつ，それと地続きにかつ円滑に生きられる上で不可欠な認識仕方もしくは

世界了解の様式であった。しかも，「行動」においては，空間的には環境に埋め込まれるだけでなく，時間的には現在（いま）に埋め込まれている。「行動」では，過去や未来はなく，「現在」のみが実在する。それは永遠の現在である。そして，「行動系」における投射の原型として，原初的プロジェクションとしてイメージスキーマおよびその文化的領域への隠喩的投射について詳述した。イメージスキーマの代表として，上－下や中心－周縁のスキーマのように，私たちは外界からの刺激・情報を一方的に受容するのではなく，内側で構成したイメージスキーマを網を投げかけるかのように，外界へと投げ入れることで，外界を意味づけているのである。ところが，私たちにとってイメージスキーマは無意識的，無意図的に投射されるものでしかないことから，特別なことがない限り，そのことに無自覚なままとなるのである（そのことを自覚させ得る契機として，歴史的概念と脳死問題を挙げて，分析した）。

　では，「行動」に対して，「意識」はどうであろうか。「意識」は，「表象」によって世界（外界）を内的に構成することでイメージ（世界－像）と捉え，そのイメージへと自ら働きかける。裏を返すと，「意識＝表象」は，「行動」のように，外界に直接働きかけることができない。したがって，「意識＝表象」は，主体にとって世界とは独立・自律した仮構世界なのであり，独自の空間を有することになる。それは，世界と一線を画する内的空間なのだ。しかも，「意識＝表象」は，独自の内的時間を有する。「行動」が，ただ只管，「現在」，すなわち永遠のいましかないのに対して，「意識＝表象」は「現在」を基点に「過去」と「未来」を併せ持つのである。ここで，「意識＝表象」における時間あるいは時間意識を明確化しておくことにする。

　ところが，通俗的には，「意識＝表象」は，**図20**に示されるように，直線的，不可逆的時間（の軸）に沿って，「過去」と「現在」，因果律

ならば，「原因」と「結果」のペアとして制作される。

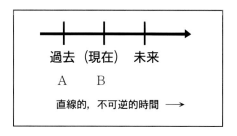

図20　因果律の通俗的理解

　図20に示されるように，ある物体がA地点からB地点へと移動（運動）するかのように，すなわちニュートンの慣性の法則よろしく，ある物体が過去のA地点にいることが原因となってその後，現在のB地点へと移動する結果となるように，両者のあいだに因果律が成立するようにみえる。裏を返せば，図20には，因果律を制作する主体（＝観測者）が不在なのだ。否それどころか，主体そのものが不在である。因果律および因果連鎖は，制作主体が不在のまま，自動的にかつ機械的に作り出されることを前提としている。あらかじめ述べると，因果律と時間の関係について制作者（主体）が不在であることもしくは欠落していることが，因果律を誤認識（誤解）する元凶となる。

　ところで，物理現象における因果律では観測者と対象が複雑な関係にある量子論を除いて，思考の効率化や習慣化のため，物理現象の観測者や因果律の制作者を暗に省略するという傾向がある。しかしながら，こうした省略によって深刻な問題が起こる。それは因果律そのものの誤解である。私たちは日常生活で起こる諸現象について「なぜ（どうして）」と疑問を発しつつ因果律を制作するとき，自然科学者のように，物理現象の観測者や因果律の制作者を省略するのとまったく同様に，因果律を作り出す制作者（この場合は，自己自身）の存在もしく

107

は介在をも省略してしまう。ところが，この些細な効率化は，因果律の誤認識につながってしまうことになる。

　もしも，因果律の誤認識が時間あるいは時間意識において顕在化されるとすれば，因果律の誤認識を克服する最初の一歩は，「表象」の時間あるいは時間意識の再検討にあることになる。具体的には，前述した**図20**は，次の**図21**へと修正（改訂）することが必要である。

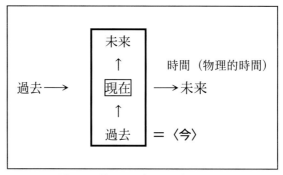

図21　「正しい」因果律

　図21が**図20**と決定的に異なるのは，直線的，不可逆的に流れる時間（物理的時間）だけでなく，行為主体が太枠で囲まれた〈今〉に棲み込みつつ，論理上「現在」を基点にその前後に「過去」と「未来」を表象するという点である。つまり，私たちはすべて，この〈今〉，すなわち唯一リアルな〈いま・ここ〉を拠点にして自らの頭の中に（論理上の，いわゆる仮想の）「過去→現在→未来」を「表象」・制作しているのだ。この場合の「過去」は時間上の「以前」でもないし，「未来」は時間上の「以後」でもない。それはたとえば，その制作者によって「意味づけられた過去」であり，「ある目標・目的へと方向づけられる未来」なのだ。つまり，この場合の「過去」，「現在」，「未来」は後で明らかになるように，因果律の制作者その人なりによって意味づけら

れたり方向づけられたりするところの具体的な，過去，現在，未来なのである（その人なりの実存と相関する「過去」，「現在」，「未来」だといえる。このミニマムな主体が前述した物理現象の観測者であり，因果律の制作者である）。したがって，この〈今〉とは，私たちの実存そのものである。もっと控え目に，前述した物理現象の観測者（観察者）あるいは因果律の制作者といいかえてもよい。因果律は，その因果律の制作者が〈今〉を拠点に自らの頭または心の中に作り出す原理・法則だということを確認しておきたい。

　ところで，因果律がその制作者が頭・心の中で表象したものだということは，それほど自明なことではない。簡潔にいえば，因果律が「表象」であるというのは難解なことである。この点について（因果律を研究対象とする）分析哲学や科学哲学の専門家の誰よりも正鵠を得た考えを述べたのは，高山　守である。高山は，因果律もしくは因果連鎖が直線的時間に沿って次々と継起していくものとして捉えるどころか，「こうした時間経過は，決して因果連鎖なるものの経過時間ではない。そうではなく，言うならば，それは事柄そのものの経過時間なのである。」[高山守，2010：25] と明言している。繰り返しになるが，私たちは，図20のように，「原因」－「結果」のペアから成る因果律が，不可逆的な時間に沿って「過去」－「結果」と直線的に進行すると思い込んでいるだけなのである。

　高山が主張するのは次の点である。つまり，通俗的な因果律の理解における時間経過とは，私たちが使用する因果律もしくは因果連鎖という概念（言語）が生み出す論理上の時間，もっといえば，思考の上での時間だということである。裏を返せば，この場合の時間の経過とは，私たちが事態を見守っている客体側（事柄そのもの）に流れる時間ではないのである。

　以上のことから，私たちが用いる因果律（因果連鎖）と事柄そのも

のの経過時間，すなわち因果律と時間（直線的に流れる時間）は各々，独立したものであることを認識する必要がある。言い換えると，因果律と時間（直線的時間）が各々独立したものであることを的確に認識しない限り，因果律に時間がともなうようにみえることから，因果律が存在すると誤認識してしまうことになる。

　こうして，因果律は，「表象」であり，この，「表象」としての因果律は，論理上の時間に規定されていることが明らかになった。この場合の論理上の時間は，物理的な時間ではない，いわゆる無時間である。それは，「行動」における「現在」，正確には，「現在，現在，現在，……」と果てしなく続く（ネバーエンディングな）無時間としての時間にすぎない。その時間は，「私＝主体」が不在のそれなのである。

　では一体，何が「表象」としての因果律を生み出すのか。この点について高山は，世界を因果的に了解する思考様式そのものがそもそも，私たちが普段用いている言語，正確には，音声言語の有する線形的な形態，すなわち直線的（リニヤー）な時間意識に規定されていると述べている。音声言語の直線的な時間意識の特性は，原因と結果といった因果律（因果結合関係）で世界を捉えることを常態としているわけである。

　そのことは，私たちの，世界についての因果了解が，音声言語の構造そのものに由来していることを意味する。つまり，音声言語を介して因果律と時間は，相互に関係しているのだ。これに対して高山は，手話言語が音声言語のような因果律［因果結合関係］とは異なる特有の因果表現をとる［高山守，2017：100-102］としている。それは次の通りである。

　高山によると，「通常の音声言語においては，音韻，単語，文等が，すべて併存的に，つまり経時的に表現され，したがって，それらが，重層的・同時的に語り出されることはない。それに対して，身体動作

110

によって表現される手話言語においては，それらが，重層的・同時的に表現されうる。」[高山守，2016]，と。つまり手話言語は，音声言語と異なり，「音韻，単語および文表現の重層性・同時性」といった際だった特有性を有しているのである。また，音声言語が「すべて併存的に，つまり経時的に表現される」ということは，表現形式がどうしても「時間的に相前後して起こる相異なる二つの事柄と了解され，前者が原因，後者が結果と見なされる。しかし，手話言語においては，……通常原因と結果と見なされるこの両表現は，重層的・同時的に語られる。いわゆる原因表現がそのまま結果表現であり，その逆でもある。原因と結果とが一個同一の事態であると言うこともできる。」[同前]，と。

　私たちが普段，何らかの結果が生じるとすれば，必ず何らかの原因があるという確信（信憑）を持つことは，何らかの原因が必ずある一定の結果を引き起こすということに帰着する。つまり，ある原因は必然的に，ある一定の結果を引き起こす。私たちの誰もが堅くそう信じ込んでいる。ところが，因果律についてのこうした確信もしくは信憑は，意外なことに，私たちが使用する音声言語が作り出す業なのである。音声言語を使用している以上，因果律および世界の因果了解はゆるぎないものに見えてくる。

　もっというと，私たちが因果律と時間（直線的時間）が密接な関係にあると思念してしまうのは，言語を用いることに基づく。私たちは事柄を因果論的に捉えるに際して，思考の道具として音声言語を用いるが，その言語が時間を生み出すかのように，私たちを錯認させるのだ。こうした論理上の時間は，事柄そのものの時間，すなわち物理的な時間では決してないのだ。

　以上のことから，因果律はその制作者が〈今〉を拠点に頭・心の中に作り出したもの（Ⅰ.カントの「カテゴリー」）である。しかも，因果

律は制作者が用いる音声言語によって規定されている。因果律と時間は，音声言語を介して相互に関係しているのである。総じて，因果律は制作者による「表象」としての因果律であり，それは，（制作者が用いる）音声言語の有する直線的時間の特性によって規定されていることになる。そのことは，音声言語と手話言語の対比によって明らかになる。

2．表象としての因果律の類型

（1）素朴心理学としての因果律

　これまで，因果律が「表象」であることから，それは，客観的に実在する直線的な時間ではなく，私たちが使用する音声言語に規定される論理上の時間（内的時間意識）であることについて述べてきた。つまり，「表象」としての因果律を時間形式から捉えてきたわけである。では次に，あらためて「因果律とは何か」について述べることにしたい。それについて筆者はこれまで，著書を通して因果律（因果関係）とは何かについて論述するとともに，因果律を分類してきたことから，それを参照する［中井，2017 ／ 2018 ／ 2019a ／ 2019b］。

　ところで，私たちは日常，因果律（因果関係）を用いて思考している。普段はほとんど意識しないにせよ，私たちが因果律を用いるのは，自分自身が不全の状況もしくは不確定な状況，すなわち先行きの見えない状況に置かれた場合である。

　たとえば私たちは，不全の状況もしくは不確定な状況に置かれるとき，具体的には「なぜ（どうして），テレビのスイッチがつかないのか」，「なぜ，自動車が動かないのか」，「なぜ，自分は友だちができないのか」，「なぜ，自分は何をやってもうまくいかないのか」等々というよ

112

うに、「なぜ（どうして）〜なのか」という問いを発して、これらの「なぜ（どうして）」に対する説明として、「〜だから……となる（なった）」、「〜だから……である（あった）」、「〜だから……を起こす（起こした）」というように、因果律を制作し、投射するのである。つまり、私たちは、その都度、現実に向けて因果律という「表象」を投射（プロジェクション）しているのである。

このように、私たちは「なぜ（どうして）〜なのか」という問いに対する説明として「〜だから……となる」という因果律を投射しているわけであるが、こうした因果律および因果推論は必ずしも正しいとは限らない。その意味で、因果律および因果推論は、素朴理論もしくは素朴心理学[4]であると考えられる。ここでいう因果律は、素朴理論や素朴心理学よろしく、必ずしも「正しい」ものとはいえないが、私たちが日常、思考する上で役に立つもしくは役立つと思念している認知的道具なのである。

繰り返し述べると、因果律（因果関係）は素朴理論として存在するにもかかわらず、科学的レベルでの厳密な意味では、存在しない。総じて、因果律は存在しないのだ。

いま、因果律は素朴理論（素朴心理学）としては有用であるが、正しいとは限らない、と述べて、その存在を肯定した。とはいえ、因果律は懐疑の対象であることに変わりはない。

ところで、因果律の歴史を紐解くとき、まず挙げなければならないのは、D.ヒュームである。ヒュームは、原因と結果を安直に結び付けて因果律を制作することが誤りであることに加えて、因果律が感覚器官による経験を通して観察されたことがないことからその存在自体を懐疑した。ヒュームによると、因果律の特徴は、次の四つに整理することができる。これら四つは、ヒュームが因果律の存在自体を懐疑しながらも、素朴理論（素朴心理学）として使用される因果律を哲学的

113

に捉えたものである（いわゆる，因果律についての省察）。ただ，これら四つの特徴が明らかになったとはいえ，因果律そのものは真の意味で存在するとは限らない。

① 「A」と「B」が空間的に近接していること（「接近」と呼ぶ）
② 「A」が「B」に対して時間的に先行していること（「継起」と呼ぶ）
③ A'とB'という2つの印象の繰り返しによって，類似したことを未来において経験する（「恒常的連結」と呼ぶ）
④ 「A」と「B」のあいだには両者を結びつける何かがあること（「必然的結合」と呼ぶ）

（2）物的因果律と心的因果律
　　　　──思考のフレームワークと理由律の要請
　前述したように，ヒュームは因果律の存在自体を懐疑したが，高山はそれをよりラディカルに捉え直した。それは，因果律超克論である。このネーミングからわかるように，高山は因果律そのものを明確に否定した。そして彼は因果律に代わるものとして「理由律」を要請したのである（これについては後述する）。
　高山は，科学的レベルにおいて因果律が存在しないことを前提としながらも，一般の慣用にしたがって，自然科学分野（特に，物理的世界）における物的因果律を二つに分類した。その二つとは，「真近の因果律」と「遠隔の因果律」である。これら二つの因果律のうち，主要なもの（ベースとなるもの）が真近の因果律であるのに対して，遠隔の因果律は副次的（二次的）なものとなる（遠隔の因果律は近接の因果律から派生したものだといえる）。高山は物的因果律を中心に因果律および理由律を分析・考察しているが，後述するように，心的因果律，

114

すなわち心理的世界における因果律および理由律についても瞠目すべき知見を見出している。

　では次に，高山の因果律超克論を手がかりに，因果律および理由律の分類を行うことにしたい。具体的には，因果律は物的因果律と心的因果律の二つに大きく分けられる（ただし，両者の中間態が存在する）。以後，高山の因果律超克論については，高山の一連の著作［高山守，2010／2013］およびそれを総括した著書［中井，2017／2018／2019a／2019b］を敷衍することにしたい。

①物的因果律の展開──真近の因果律と遠隔の因果律

　物的因果律は，その内容の違いによって二つに分けられる。すなわちそれは，前述したように，真近の因果律と遠隔の因果律である。

〈1〉真近の因果律（物的因果律1）

　真近の因果律に言及するにあたって，まず典型的な事例を挙げることにする。その事例とは，「なぜ，コップが割れたのか」に対する「コップが落下したから割れた」というものである。つまりそれは，「なぜ，コップが割れたのか」という原因追求に対する，「コップが落下したから割れた」という結果，すなわち説明的再構成・再現になっている。この説明的再構成・再現は，「AだからBとなる」という因果推論の形式で示される。しかもこの場合，「結果必然性」と「原因必然性」は同時に成立する。

　以上のことから，この事例に典型される真近の因果律は，十全のそれであるようにみえる。ところが，厳密に分析・考察すると，真近の因果律は，自然科学の法則を任意の二点で切り取り，「原因－結果」の形式で言語化し，因果律を制作したものであることがわかる。もっというと，「コップが落下したから割れた」は，万有引力の法則，すなわ

115

ち「すべての物体は互いに引き合う。その力の大きさは引き合う物体の質量の積に比例し、距離の二乗に反比例する。」という法則を私たちが恣意の二点、すなわち「地上における質点＝物質＝コップ」と「地球＝質点＝物体」で切り取り、「コップと地球が互いに引き合った結果」、「コップが（地球の方へ引き寄せられ）落下して割れた」と、「原因－結果」の形式で言語化し、因果律を制作したものなのである。本来は、万有引力の法則として一つのものにすぎないが、その法則を私たちがある時点で、またはある機会で「原因」と「結果」という二つに恣意的に分節化し、制作するものこそ、因果律の正体なのだ。

〈2〉遠隔の因果律あるいは理由律の要請（物的因果律2）

　前述した事例、「なぜ、コップが割れたのか」に対する「コップが落下したから割れた」というように、「原因－結果」から成る因果律は、真近の因果律の典型であり、きわめてシンプルなものであった。これに対して、次に示す、遠隔の因果律、およびその事例はやや複雑である。

　遠隔の因果律を示す事例として、「なぜ、（あの）家屋は燃焼したのか」に対する「電気回路がショートしたから燃焼した」を挙げることができる。従来、この類いの事例は、「正しくない」因果律によって説明されてきた。つまり、従来の「正しくない」因果律において、この事例は「電気回路がショートしたから家屋が燃焼した」というように、単純な「原因－結果」の形式で言語化されてきた。ところが、遠隔の因果律の場合、「結果必然性」は成立しても「原因必然性」は成立しない。つまり、「（あの）家屋が燃焼した」原因は、タバコの不始末とか漏電に求めることはできないのだ。

　したがって、この事例を「正しい」因果律、すなわち遠隔の因果律で表すと、「電気回路のショートにより電気回路に大量の電流が流れて

116

発熱したから（あの）家屋は燃焼した」となる。つまりこの事例は，遠隔の因果律をもって表すと，「電気回路のショートが原因で火の手があがることによりその火が時間の経過とともに，紙，カーテン……へと次々と……に燃え移り，家屋は燃焼した」と表すことができる。この場合，「原因（電気のショートおよび発熱）＋諸要素（十分な酸素，多くの燃焼物等々）／帰結（家屋の燃焼）」，すなわち「原因＋諸要素／帰結」が成立するのだ。高山は，この場合の「原因＋諸要素」を一括して「理由」と名づける。したがって，遠隔の因果律においては，「原因＋諸要素＝理由／帰結」，端的に「理由／帰結」というように，「理由律」が成り立つ。正確には，因果律に代わって「理由律」が要請されることになる。

　ところで，高山が提示する，「原因＋諸要素＝理由／帰結」から成る遠隔の因果律は，仏教の因果律（因果の法則），宿命・運命論と通底している。仏教からすると，この世には，因縁生起（縁起）という仏教独特の因果律があって，それは，「原因」があれば必ず「結果」というものがある，しかも，一つの「結果」は，一つの「原因」から起きたものではなく，目に見えない小さな「原因」を含む多種多様な無数の要因（＝間接的原因［条件］＝「縁」）が，網の目のように絡み合って生じたものである。つまり仏教では，万物は，「因」（「原因」）と「縁」（「縁起」）が結びついて生じたもの，因縁生起（縁起）なのである。このように，すべてのモノやコトは，「原因」および間接的「原因」（縁）と「結果」が結びついて起こるものであるから，「結果」をなくすためには，「原因」もしくは間接的な「原因」の何かを取り除けば良いことになる。また，仏教的な宿命論（決定論）では，「原因」さえあれば，無条件に「結果」が生じる（この場合，縁は関与しない）とするものや，自分が過去に行った業を「原因」とし，それにさまざまな縁が重なり合って運命となることを受け入れるとするものがある。

117

このようにみると，因果律の中の因果律ともいうべき，遠隔の因果律を定式化した，「原因＋諸要素＝理由／帰結」と，仏教の因果律論を定式化した，「原因＋緑／結果」は，類似した思考・推論形式を採っていることがわかる。

　話を元に戻すと，家屋の燃焼をはじめ，交通事故，公害問題，医療事故，殺傷事件等々，複雑な事象が生起する場合，物的因果律は，「原因＋諸要素／帰結」から成る遠隔の因果律，さらには「理由／帰結」から成る理由律が要請されることになる。裏を返せば，私たちからみて因果律が最も有用に感じられるのは，家屋の燃焼のように，複雑な事象（できごと）［＝不全の状況］が起こって，その原因を追求する場合である。私たちは，因果律が存在しないことが真実だからといって，「原因」という言葉を放棄したりそれを「理由」という言葉に置き換えることを躊躇したりするのは，以上述べたことに基づく。なお，言葉の上での，「原因」と「理由」は異なる[5]。

②心的因果律の展開──心の理由律と思考のフレームワーク

　以上述べた，物的因果律1と物的因果律2は，純粋な物的因果律である。そして，物的因果律と心的因果律の中間に，自然科学をモデルに構築された精神分析の因果律（S.フロイトの過去決定論）があるが，この場合，因果律の制作法は正しいとはいえない。なお，フロイトをはじめとする精神分析の因果律，およびその考え方について，筆者はこれまで何度も批判してきたことから──しかも，本書の目的とは直接かかわりがないこともあって──，ここでは省略することにしたい。

〈1〉物的因果律に近い日常の事象（心的因果律1）

　物的因果律と心的因果律の中間に位置づけられる因果律として，たとえば，「なぜ，部屋の電気を付けたのか」に対する「部屋が暗いから

（電気を付けた）」という因果律や，「なぜ，道で手を上に上げたのか」に対する「タクシーを止めるために手を上に上げた」という因果律等々が挙げられる。こうした事例には，「電気を付ける」とか「手を上に上げる」という具合に，行動主体の意思・意図らしきもの，すなわち素朴な心や思いが感じられる。だからこそ，これらの事例は心的因果律に分類されるのだ。

　ところで，「なぜ，部屋の電気を付けたのか」という問いに対して，「部屋が暗いから電気を付けた」という説明をするのは正しいとはいえない。このような一般の因果律は，会話やコミュニケーションの上では意味があっても，内容がきわめて不明確であることから正しくないのである。つまりこうした因果律は，思考上，正しくないと考えられる。

　これに対して，「正しい」因果律からすると，その説明は「部屋を明るくしたいから電気を付けた」となる。ここで，「正しい因果律／正しくない因果律」を明確に区別する基準が不可欠となる。そのためには，一般の因果律に取って代わる「思考のフレームワーク」が必要になる。

　こうした思考のフレームワークは，行動分析学（正確には，応用行動分析学）のＡＢＣ分析に由来している。この場合のＡＢＣ分析は，いわゆる行動科学としてのそれではなく，その都度一回限りで用いる，文字通りの思考のフレームワークとしてのＡＢＣ分析である。それは，〈現状はＡであるが（Ａのとき），行動Ｂによって（Ｂをしたら）現状Ａを結果Ｃへと変化させる（Ｃとなる）。〉，となる。それはまた，「Ｂ：Ａ→Ｃ　∴Ｂ」と定式化することができる。この推論形式は，特定の行動（Ｂ）が，Ａの状況からＣの状況へと「変化」させるということを端的に示している。

　裏を返せば，特定の行動（Ｂ）によってＡの状況からＣの状況（少なくとも，Ａ以外の別の状況）へと変化しないとすれば，その行動（Ｂ）

119

は意味がないことになる。

　ところで，「正しくない」一般の因果律，すなわち「〜だから……となる（なった）」を記号式で示すと，「Ａ→Ｂ」となり，思考のフレームワークとしてのＡＢＣ分析が，Ｂ：Ａ→Ｃ（Ｂ→［Ａ→Ｃ］）となることから，両者を比べると，「Ａ→Ｃ」といった重要な「変化」が欠落していることが明らかになる。裏を返すと，一般の因果律，「Ａ→Ｂ」は，「Ｂ→［Ａ→Ｃ］」＆「Ａ→Ｂ」から変化を示す「Ｂ→［Ａ→Ｃ］」が抜け落ちた不完全態なのである。

　以上のことから，前述した事例，「なぜ，部屋の電気を付けたのか」に対する説明は，「部屋が暗い状況から明るい状況へと変化させるために，電気を付けた」ということになる。つまり，行動主体は「部屋を明るくしたい」からこそ，「電気を付けた」のである。ここには，行動主体の心や思いが「電気を付けた」のだという事実が語られている。ただ，「部屋が暗いから電気を付けた」と「部屋を明るくしたいから電気を付けた」はあくまで表現上の違いであって，内容的には大差がないといった反論があるかもしれない。しかしながら，こうした反論は誤っている。というのも，コミュニケーションの上で何となく意味が通じることと，思考の上で正確に意味を紡ぎ出すこととは，まったく異なる行為だからである。

　このように，私たちは思考のフレームワークとしてのＡＢＣ分析を用いることによって「正しい」因果律を制作することができる。繰り返し強調すると，一般の因果律，「〜だから……となる」は，コミュニケーションの上で有効であっても，思考の上では明らかに正しくない（間違っている）。

　実は高山は，「Ｂ：Ａ→Ｃ　∴Ｂ」と定式化した思考のフレームワークとまったく同一の正しい世界了解としての推論形式を提示している。それは，前述した遠隔の因果律，すなわち「原因＋諸要素＝理由／帰

結」である。それは「理由／帰結」として定式化することができる理由律であった。この理由律を心的現象（心理的世界）において展開するとき，それは，「引き起こす思い／行動の結果（帰結）」と表すことができる。注意すべきなのは，この場合の「引き起こす思い」と「行動の結果（帰結）」において，前者が「過去（原因）」，後者が「現在（結果）」とはなり得ないということである。両者は，「同時の切り取り」となる。両者は，別々のことではなくて，同時的に成立するのだ。つまり，心的因果律ともいうべき「引き起こす思い／行動の結果（帰結）」は，行動の完了をもって同時に語られるものなのである。「引き起こす思い」が先にあって，その思いが「行動をもたらす」わけでは決してない。「引き起こす思い」が「行動の結果」として完了したときに初めて，「引き起こす思い」は成り立つのだ。心的因果律（実質上は，心的理由律）において，「過去」，「現在」，「未来」といった直線的で不可逆的な時間（物理的な時間）は成立せず，常に〈今〉（いま・ここ）がリアルに成り立つのみである。

　裏を返せば，「行動の結果」をともなわない「思い」は，「引き起こす思い」ではなく，「単なる思い」にすぎないのである。したがって，心的因果律，すなわち心の理由律において，行動の結果（帰結）をともなわない，「単なる思い」と「引き起こす思い」を明確に区別しなければならない。

　以上述べたように，行動主体から見て，「B：A→C　∴B」というように，「A→C」という「変化」をともなう行動（B）をコアとする思考のフレームワークと，「引き起こす思い／行動の結果（帰結）」を同時的に成立させる心の理由律はともに，正しい世界了解であり，正しい推論形式である。世界了解は，思考のフレームワークとしてのＡＢＣ分析と心の理由律によって十全のものとなる。

　ただ，行動主体から見ると，明らかに心の理由律を制作することは

困難である。したがって，私たちは制作するのが容易である思考のフレームワークとしてのＡＢＣ分析をまず用いることによって心的因果律を制作し，その上でそれを手がかりに，心の理由律を制作して行けば良いと考えられる。「理由／帰結」が同時的に切り取られる心の理由律は，当事者さえ制作することが困難であることから，理由律と同一の内容を有する二重因果律，すなわち思考のフレームワークとしてのＡＢＣ分析［Ｂ：Ａ→Ｃ　∴Ｂ］，正確には，「Ｂ→［Ａ→Ｃ］」＆「Ａ→Ｂ」によって代替することができる。

　理由律の主役は，「引き起こす思い」およびその思いが実現・完了した帰結である。そして，理由律と同等のＡＢＣ分析は，行動を起こすことにともなう，状況の「変化」によって表される。この場合も，それは，〈今〉（ここ・いま）の行動（Ｂ）を基準にした状況の「変化（Ａ→Ｃ）」として表される。

〈2〉 心理的な事象（心的因果律２）

　あらかじめ述べると，このタイプの心的因果律については，心的因果律１（物的因果律に近い日常の事象）と論述が重複するので，簡潔に述べることにする。

　たとえば，「なぜ，不登校になったのか」という原因追求に対して，「親にかまってもらいたいから不登校になった」という結果から成る事例，あるいは，「なぜ，自殺したのか」という原因追求に対し，「加害者（私をいじめた者）に仕返しをしたいから自殺した」という結果から成る事例がある。これらの事例はいずれも，「引き起こす思い／帰結（行動の結果）」から成る理由律から捉えると，「帰結」が各々「不登校になった」，「自殺した」となり，「引き起こす思い」が行動として完了されている。

122

〈3〉心理的で抽象的な事象（心的因果律３）

　５つ目の因果律として，心的因果律（心理的で抽象な事象）が考えられる。その事例としては，「なぜ，対人関係がうまく行かないのか」に対する「性格が暗いから対人関係がうまく行かない」，あるいは「自信がないから対人関係がうまく行かない」等々を挙げることができる。つまり，「なぜ，対人関係がうまく行かないのか」という原因追求に対して，「性格が暗いから対人関係がうまく行かない」とか「自信がないから対人関係がうまく行かない」といった結果から成り立ち，一見，因果が成り立つようにみえる。ところが，これは，「正しくない」因果律の典型である。つまりこの場合，「対人関係がうまく行かない」という「結果」に対して，「性格が悪い」という心（「情」）の言葉が「原因」とされている。これは，日本語としては成り立つように見えても，実質的には，間違った因果律である。というのも，「性格が悪い」という「原因」には，抽象的かつ曖昧であるがゆえに，他のあらゆる言葉（心の言葉），たとえば「知識がないから（＝「知」の言葉)」とか「我慢できないから（＝「意」の言葉)」等々に置き換えることができるからである。そもそも，こうした抽象的な疑問・問いに対しては，千差万別の説明が成り立つのだ。その点では，より抽象度の高い疑問・問い，「なぜ，生きずらいのか」というような人生論的な疑問・問いに対しても同じく，因果律は成り立たない。これに対してはどのような説明も成り立つのである。

　以上のように，心的できごと，特に心の問題において制作される，「やる気がないから宿題をしない」は，「やる気がない＝意志の欠如＝知・情・意という心の言葉の欠如態」を原因，「宿題をしない」を結果，とする因果推論であるが，これらは因果律そのものが存在するといった誤りに誤りを重ねたものである（ダブルミスの典型）。心の言葉をネガティヴ使用したこれらの命題は，根本的に誤っている。

さらに，心的できごと，特に心の問題において制作される「自尊心が低いから勉強ができない」という事例は，因果律の原因として仮説的構成概念である「自尊心」を挿入しているという点で根本的に誤っている（それは，前述したように，心の言葉を用いて因果律を制作することに加えて，仮説的構成概念を用いて因果律を制作するといったトリプルミスの典型である）。仮説的構成概念を使用したこれらの命題は，素朴理論（素朴心理学）としての因果律としても正しいとはいえない。

　心の言葉や仮説的構成概念を用いて制作する因果律は，ニセの因果律の典型である。これらには，理由律でいうところの「引き起こす思い」も，ＡＢＣ分析でいうところの状況の「変化」も，見られない。もし，因果律を制作することができるとしたら，それは，物的因果律を装った心的因果律，すなわち心的因果律を物的因果律（自然現象）として説明するやり方のみであろう。ただ，こうした因果律の制作は，「原因」および「結果」の十全な説明的再構成・再現とはなり得ないはずである。したがって，５つ目の因果律（心的因果律）は，一般の因果律から除外するのが妥当である。

〈4〉 情動的な事象（心的因果律４）

　ここまで「心」にかかわる因果律について述べてきたが，実は，この「心」というのは，いわゆる主体にとって反省の対象となり得るものであって，原初的な感情としての情動は除外されていた。主体にとって情動は，瞬間的かつ衝動的に起こる原初的な感情というべきもので，あまりにも速く生じることから反省することが困難である。ただ，情動は，主体からみて自己自身の内面を「変化」させる手段となる場合が少なくない。したがって，心的因果律の分類からすると，前述した「心」と「情動」を明確に区別すべきではないかと考えられる（「情

動≠心」）。その根拠は，情動が低次脳の働きに基づくのに対して，情動以外の心は高次脳の働きに基づくことにある。

　情動にかかわる因果律の事例としてたとえば，「なぜ，友人を殴ったのか」に対する「（私は）腹が立ったから殴った」が挙げられる。一見，「（私は）腹が立ったから殴った」という因果推論は，前述したように，形式上「腹が立った」という心の言葉を用いていることから，因果律制作のタブーを侵し，間違っているようにみえる。もし，これが「心」にかかわる因果律であるならば，まったくその通りであろう。ところが，それは，「心」ではなく，「心」以外の「情動」にかかわる因果律なのである。したがって，「（私は）腹が立っていたが，友人を殴ったらすっきりした［＝腹が立つのが減じた・和らいだ］。だから殴った。」となる。

　こうした推論形式が，自己が自己自身の感情を「変化」させるにあたって，何らかのアクションを起こすという具合に捉えると，自己自身の何らかの「変化」に直結する情動は，それ以外の「心」とは異なることがわかる。

　こうした事例以外にも，たとえば，「なぜ，知人が死んだら泣くのか」に対する「悲しいから泣いた」が挙げられる。この場合も因果推論の形式上，誤っているようにみえるが，「知人が死んで悲しいが，泣くとすっきりした［悲しみが減じた・和らいだ］。だから泣いた。」となり，正しい因果律だといえる。

　以上述べたように，「心」以外の「情動」にかかわる因果律の場合，前述した「心」の因果律における心の言葉の使用禁止は，例外的に該当しないのである。思考のフレームワークとしてのＡＢＣ分析に準じて，情動の因果律は，特定の行動，すなわち情動の表出が，自己の以前の状況（状態）を新たな状況（状態）へと「変化」させることから有意味なものとなるのである。

125

（2）思考とコミュニケーションから捉えた因果律の査定

　以上，物的因果律と心的因果律を通して正しい因果律，および理由律の制作について論述してきた。重要なのは，「引き起こす思い／帰結（行動の結果）」と定式化される心の理由律およびそれに対応する思考のフレームワークとしてのＡＢＣ分析（〈現状はＡであるが（Ａのとき），行動Ｂによって（Ｂをしたら）現状Ａを結果Ｃへと変化させる（Ｃとなる）。〉）は，すべての物的できごと（物理現象）および心的できごと（心理現象）において同一の「正しい」思考形式・パターンとなることが明らかになった。

　さらに，これまで提示してきた因果律および理由律は，思考とコミュニケーションの二つの観点から次のように分類することができる。

　一つ目のタイプは，物的現象と心的現象に共通する理由律である。物的現象としては「原因＋諸要素＝理由／行動の結果（帰結）」，心的現象としては「引き起こす思い／行動の結果（帰結）」，と各々対応する思考や推論は，原則的にすべて正しい。

　二つ目のタイプは，同じく，物的現象と心的現象に共通する因果律，すなわち思考のフレームワークとしてのＡＢＣ分析である。この類いの因果律は，理由律と同様，思考・推論として内容的には妥当なものである。前述したように，思考のフレームワークとしての，〈現状はＡであるが（Ａのとき），行動Ｂによって（Ｂをしたら）現状Ａを結果Ｃへと変化させる（Ｃとなる）。〉は，心の理由律と同一のものとなる。このタイプには，「心」とは区別される「情動」の因果律が含まれる。繰り返し強調すると，情動の因果律と，一般の心的因果律（特に，思考上誤っている，心的因果律３）を明確に区別しなければならない。

　三つ目のタイプは，知・情・意を表す心の言葉，正確には心の言葉のネガティブ使用である，「（太郎は）やる気がないから宿題をしない」等々は，コミュニケーションの効率上，意味があるが，思考上，正し

126

くない（誤っている）因果律である。さらに，「（彼は）自尊心が低いから勉強ができない」は，心の言葉をさらに抽象化した仮説的構成概念のネガティヴ使用によって制作された因果律である。この因果律は，思考上，トリプルミスを犯している。

　以上述べた３つのタイプの理由律と因果律は，思考上正しいか，あるいは，たとえ思考上，正しくなくても，コミュニケーションの効率上，意味がある。ところが，これから述べる四つ目のタイプの因果律は，これら三つ目のタイプとは異なり，まったく無意味なもの，もっといえば，非合理なものだと考えられる。あらかじめ述べると，これから述べる四つ目のタイプの因果律は，素朴理論としても成り立たない代物である。それは，後述するように，因果律（因果関係）を推察するものにすぎない。

（3）非合理的なものによる世界の縮減としての因果律

　ところで，四つ目のタイプの因果律は，呪術的なものあるいは願いや願望を込めたものである。一般に，呪術は，技術の対義語である。私たち人間がどうすることもできない不全の状況もしくは不確定な状況に置かれたとき，技術はこうした状況を打開するための手段や道具となる。これに対して，呪術は私たちがそうした状況に直面したとき，自分自身が自らを変えることによってそれを打開することを意味する。卑近な例で述べると，山で熊に出くわしたとき，熊から逃げたり，熊と闘ったりするのではなく，（結末はさておき）死んだふりをして事態の打開を図ることを指す。

　呪術は願いや願望と置き換え可能であるが，どの言葉を使うかはさておき，私たちはどうしようもない不全の状況や，この先どうなるかがまったく予想のつかない不確定な状況において，願いや願望を込めて因果律らしきものを制作するのである。いわゆる，不全の状況や不

127

確定な状況（総じて，先行きの見えない世界）を願いや願望を込めた因果律を制作することによって縮減するのが，この因果律の目的となる。

　具体的にいうと，野球にしろ，サッカーにしろ，毎回，試合がどのようになるかまったくわからない不確定な状況の中で，私たちは贔屓するチームや選手をテレビで応援していると，贔屓チームが勝ったり，贔屓の選手が活躍したりすることをしばしば体験する。特に，テレビの前で一生懸命応援していると，本当に贔屓の選手がチャンスでヒットを打つということも少なくない。

　つまり，私たちはスポーツの試合のように，先がどうなるのかまったく予想できない不確定な状況の中で，とにかく贔屓の選手やチームを応援したり，手を合わせて祈ったりすると，その願いや願望が叶って，贔屓の選手が適時打を打ったり，チームが逆転勝ちをしたりする。何の根拠がないにもかかわらず，「贔屓選手を応援すると，その選手が適時打を打つ」，「贔屓チームを応援すると，そのチームが勝つ」というのは，過去に「応援した」ことが「原因」となって，現在「活躍する」という「結果」をもたらしたということで，「原因」－「結果」という因果律が制作されることになる。この次も，さらにこの次も，私たちはこうした因果律における前述した特徴，類似した経験を繰り返す「恒常的連結」に基づいて贔屓の選手やチームを応援することになろう。たとえ，その願いが報われず，儚い夢と帰したとしても，である。なお，「原因」—「結果」において「結果」が良い場合，その「結果」は強化されることによって次の行動に対する「原因」となり，好循環を起こすことがある。これは，「結果」が「原因」となって行動を強化・反復されることから，制御工学でいうところのフィードバックに相当すると考えられる。

　繰り返すと，このように，呪術的な行動かつ願いや願望を込めた因

128

果律を制作することは，それを制作した主体にとって何の根拠もない行動だと薄々気づきながらも，自由を享受する行動となっている。呪術的な行為とか願いや願望を込めた行動とは，本来，私たちが自分自身では何もできない無力なときに自分の方が変わるといった，受動の受動（否定の否定）としての能動（肯定）的な行動なのである。だからこそ，この類いの因果律は，制作者にとって自由なものとなり得る。

　もう一つ類似した例を示しておきたい。たとえば，入学試験のように，すでに「結果」が出ている事象について，私たちはどうすることもできないにもかかわらず，神社に参拝してから合格発表を見に行くことがある。一見，こうした行動は無意味であると思われる。ところが，こうした行動をする友人がいた場合，その友人に対して意味がないと諭すであろうか。たとえ，無意味な行動であっても，当人（友人）にとっては，試験に合格する（している）かどうかがまったくわからない不確定な状況の中で，神社に参拝してから合格発表を見に行く（あるいは最近では，ネットの合格発表を閲覧する）ことは無意味なことではないのだ。この場合，「神社に参拝すること」が「原因」となって「合格する」という「結果」を生み出しているわけである。ただ，こうした因果律を制作することも，私たち人間にとって不確定な状況の中で唯一許される自由な営みなのである。

　このように，経験則に準じたものや呪術的で願いを込めたものをもって制作する因果律もまた，「……だから～となる」（「Ａ→Ｂ」）という思考・推論形式のそれとなる。ただその前に，あらためて問いたい。「贔屓チームを応援すると（応援したから），そのチームが勝つ（勝った）」という思考・推論形式の命題は，果たして，これまで述べてきた因果律または理由律と同等のものだといえるのであろうか。そしてそれは，思考上もしくはコミュニケーション上，意味のあるものなのであろうか。

小括

　以上，筆者の研究成果に基づきながら，物的因果律から心的因果律，さらには，本来，因果律とは呼ぶことのできない，非科学的，呪術的な擬似的因果律を整理してきた。私たち人間は，不全の状況もしくは不確定の状況に置かれたとき，少なからず，こうした，「表象」としての因果律もしくは擬似的因果律を制作するとともに，その制作した因果律を時々の現実に向けて投射（プロジェクション）することで，自らの苦境を打開しようとしているのである。

3．表象としての前理解と自己投出（プロジェクション）

　次に，「表象」の典型として「前理解」を取り上げ，その投射の様相について論述するが，前理解の場合も，投射する主体が内的に構成したものを現実に向けて投射するということで，前述した因果律と同じパターンとなる。ただ，前理解が因果律と異なるのは，前理解の場合，投射先が現実世界のみならず，虚構世界または仮想現実も含まれるということである。というのも，前理解という概念は元々，文学など虚構世界の読み方の一つとして創出されてきたものだからである。

（1）前理解の三つの層

　すでに述べたように，私たち人間は，他の動物とは異なり，「意識」において「表象」を内部から外へと投射しているが，この場合の「表象」の大半を占めるものは，前理解もしくは先入見である（ここでいう先入見は，一般で使用される言葉とは異なり，ネガティブなものまたは好ましくないものとは限らない）。

　人間諸科学においては，「前理解（Vorverständnis）」とは，主体が

自らの生活経験を通して培ってきた，意識的かつ無意識的なセンス，感情，知識，価値観など全般を指す。したがって，前理解は，子どもを含め，すべての主体があらかじめもっているものなのである。前理解は，生活経験の蓄積によって増えることから，大人は子どもと比べて前理解が豊富であると考えられる。

　ただ，前理解は，多かれ少なかれ，私たちの誰もが身につけているがゆえに，ときには前理解の乏しさや少なさから，またときには，前理解の豊富さや多さから，意識化することが困難な，見えないフレーム（バイアス・先入見）となる可能性がある。前者に該当するのは，子どもであり，後者に該当するのは，大人である。両者は，前理解の量と質が異なるにせよ，少なさが前理解を先入見へと反転させる一方で，多さが前理解を同じく先入見へと反転させる可能性を持つのである。総じて，主体は，前理解によって事物や他者の理解を広げ，深める一方で，偏った理解へと誘導される可能性があるのだ。

　繰り返すと，前理解とは，主体が自らの生活経験を通して培ってきた，意識的かつ無意識的なセンス，感情，知識，価値観などのことであった。それでは，私たちが前理解として蓄積している，物事についてのセンス，感情，知識，価値観とは，具体的にどのようなものであろうか。

　ところで，前理解は複数の層（実質的には，三つの層）に分類可能である。鶴田清司は，文学および文学教育の立場から，前理解を次の三つに区分している［鶴田清司，1991：68-70］。前理解は，人間科学の中でも特に，解釈学の主要概念であり，テキスト解釈に活用されているが，それを現実世界へと拡張して活用することは可能であると考えられる。次に，鶴田による前理解の区分・分類をみていくことにする。その前に，主体による，前理解の世界への投射は，**図22**のように示すことができる（なお，図中の「自己投出」という概念であるが，

前理解が主体自身に身についたものを世界へ投げ入れることを表すものであり，「投射」とほぼ同義である）。

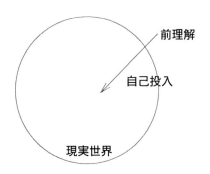

前理解

自己投入

現実世界

図22　前理解の投射（＝自己投入）

　では，三つの前理解について述べることにしたい。。

　一つ目は，「前理解 a」である。これは，主体が現実（事物や他者）との〈出会い〉によって初めて喚起される（意識化される）前理解であり，最も直接的で個別的なものである［同前：68］。

　二つ目は，現実（事物や世界）とかかわる以前の，主体自身の基本的な価値観・道徳・行動様式にかかわる先入見としての「前理解 b」である。これは普遍的で，潜在的・根源的なレベルのものである［同前：69］。主体は，現実とかかわる場合，家庭・学校・社会において醸成されてきた価値規範が前理解となって，現実の捉え方に大きな影響を及ぼすものである［同前：68-69］。

　三つ目は，「前理解 b」と同じく，現実（事物や世界）とかかわる以前に，主体が社会から期待・要求されることで内面化している先入見としての「前理解 c」である。これは前二者と比べて普遍的で，潜在的・根源的なレベルのもので，現実とのかかわり以前の主体自身の基本的な価値観・道徳・行動様式についての先入見である［同前：69］。

　ただ一般的には，前理解は二つに分類することが妥当であると考えられる。つまり，前理解の区別は，主体が現実との出会いによって初めて喚起される（意識化される）ものなのか，それとも，主体が現実以前に自ら持っている基本的な価値観・道徳・行動様式なのかに求められる。その意味からすると，ここで前理解の分類は，「前理解a」対「前理解b」と「前理解 c」となる。また，「前理解 b」と「前理解 c」を比べた場合，主体により影響を及ぼすのは，「前理解 c」の方であろう。「前理解 c」が社会性や時代性に由来する普遍的な価値規範であるのに対して，「前理解 b」はそれを具体化したものである。むしろ「前理解 b」の出自は，「前理解 c」にあると考えるのが妥当である。

　以上のことから，ここでは「前理解 a」を「前理解 α」，「前理解 c」を基準にした上で，それに「前理解 b」を統合したものを「前理解 β」と呼ぶことにしたい。次に，「前理解 α」と「前理解 β」についてあらためて詳述していきたい。

　まず一般的に考えられる「前理解 β」とは，主体が家庭・学校・社会を通して醸成してきた価値規範，たとえば一生懸命に勉強する・働くことが大切だとか，親孝行が大切であるとか，いうことである。

　たとえば，〈アリとキリギリス〉という寓話から，私たちの大半は，「アリは働き者」，「キリギリスは怠け者」だという前理解を行い，たとえば「あの人はキリギリスみたいだ」というように，前理解を自分自身や他者へと投射する。この場合の前理解は明らかに，「前理解 β」である。ただ，この類いの前理解は，主体が元々，持っていた価値規範であり，その価値規範を現実へとそのまま投射したにすぎないのである。

　この場合，「蟻」は，" 働くことが社会的美徳である " ということを表す象徴的存在なのである。この場合の前理解とは，「働くことは最大の美徳である」とされる生産主義社会の価値規範（というよりも，イ

133

デオロギー）そのものである。つまり，生産効率を優先する社会では，働くことは善であり，休む（さぼる）ことは悪もしくは良くないことである（一言でいうと，「働かざる者食うべからず」である）。私たちは働くことが善であることを否定しようとも，社会性や時代性においてこうした「前理解 ß」を潜在的，普遍的な価値規範として少なからず持っているのであり，そのことを否定し尽くすことはできないのである。

　一方，「前理解 α」は，「前理解 ß」とまったく性質を異にする，否むしろそれと対立する。それは，主体が現実との出会いによって初めて喚起され得る前理解である。言い換えると，そうした出会いなしには，この前理解は喚起されることもないのである。しかも，この出会いは，一人ひとりによって多種多様なものとなることから，この前理解もまた，直接的，個別的なもの，すなわち差異的なものとなるのである。

　以上，二つのタイプの前理解について述べたが，これまで無視されてきたのは，いうまでもなく，「直接的，個別的前理解」と特徴づけられる「前理解 α」の方である。正確にいうと，「前理解 α」は単に無視されてきたのではなくて，それは「前理解 ß」によって喚起することを阻害されてきたと考えられる。

（2）持参された前理解と先取り的前理解

　以上，前理解の三つの層（最終的には，二つの層）について述べてきたが，筆者は，F.キュンメルが独自な手法で前理解を二つに類型化したことに注目してきた。彼が類型化した二つの前理解とは，「持参された前理解（mitgebrachte　Vorverständnis）」と「先取り的前理解（antizipierendes Vorverständnis）」である［Kümmel, 1965=1985］。あらかじめ述べると，「持参された前理解」は「前理解 β」に，「先取り的前理解」は「前理解 α」に，各々対応する。

　さて，何かを経験したり反省したりするとき，そこには私たちの主観的な意図や主題化的意識を超えた理解が潜入し，事象理解を先導する。それは，解釈学のいう「前理解（先行理解）」の基本的な考え方である。キュンメルは，制度的常数として事象理解に持ち込まれてしまうこうした先行理解のことを，「持参された前理解」と呼ぶ。「持参された前理解」は，生活遂行上重要な役割を果たす反面，それに現実経験が一方的に規制されることによって閉塞されてしまうことになる。

　しかしながら，前理解は，「持参された前理解」だけに尽きるものではない。どのような現実経験の中にも，現実からの触発に全面的に依存する前理解が，程度の差こそあれ，ともに含まれている。このように，事象との出会いそのものにおいて初めて形成される前理解のことを，キュンメルは「先取り的前理解」もしくは「予覚的前理解」と呼ぶ。

　もっというと，「持参された前理解」が，出会われてくる現実から既定の知識だけをくみとる再認的解釈作用であるのに対して，「先取り的前理解」は，「持参された前理解」からはみ出す現実の非類型的，未知的次元に開かれた，発見的解釈機能である。「先取り的前理解」によって現実経験は，既在の言語的文脈にありながらも同時に，そこには尽きない唯一，一回的で豊かな意味を合わせ持ち，私たちも自ずから現実の生きられる相貌（立ち現れ）に接触し続けることができるのである。既知的相貌（言語的意味の浸透）の周暈には必然的に未知的相貌（既在の言語的意味に通約不可能な余剰）が存在するのである。

　ただ，「先取り的前理解」が捉えているのは，経験の単なる未知的余剰や語り尽くされていない残部ではなく，事柄の生き生きとした胚種を先行的に把捉することである。つまりそれは，いわば剥き出しのまま現実に棹差し，それを丸ごと差し押えているような，経験の直接性，すなわち私たちが現実に直接触れられているところである。

こうして、「先取り的前理解」は、日常の生活において非主題的、隠匿的に作動するだけにとどまる。たとえ「先取り的前理解」の内実を私たちが主題化し、その表現し難い相貌を捉えようとしても、その主題化の媒体が言語である以上、「持参された前理解」が準備する既在の意味の枠組みでしかないのである。ともあれ、型通りの言語的弁別性を一掃し、いつもすでに生きられておりながら、非主題化的なままにとどまる経験の「先取り的前理解」を感取することがキュンメルの提起する「新しい解釈学」にほかならない。

　このように、「持参された前理解」が非主題的、無意識的で不明確な性格をもつ既在の言語的意味であるのに対して、「先取り的前理解」は、こうした前理解を意識化させ、さらにその閉域を打破し、変化させていくような現実との「出会い」——予測不可能な、未来性や異他性——を可能ならしめるものである。つまり、それは、開示すべき現実生起そのものに即して初めて得られるような前理解である。

　したがって、「先取り的前理解」が「持参された前理解」に向けて働きかけるとき、私たちは現実とのあいだに真の「出会い」が開かれてくるのである。まさにそのとき、私たちにとって予測のつかない、新たな視界が開示されてくるのだ。こうして、「持参された前理解」に基づく解釈は、現実そのものに即して得られる「先取り的前理解」によって、私たちはまったく新たな地平が開かれてくるのである。

　ところが、「持参された前理解」の閉鎖性が打破されずに、固定化してしまう場合も少なくない。従来は、こうした認識すらなかったといえる。この場合、新しい理解は、常に持参された理解全体の地平にあり続け、それを変革する可能性はないと考えられる。

　このように、「前理解α」と「前理解β」という対概念は、各々、「先取り的前理解」と「持参された前理解」という異なる対概念によって補強されることになった。

　以上のことから，前理解は，すべての主体があらかじめ持っていて，それを現実へと自己投出（プロジェクト）することが常態であることがわかる（というよりも，気づいたときには投入してしまっているのである）。前理解およびその自己投出（プロジェクション）は，私たちの誰もが自然に身につけているがゆえに，意識化することが困難な，見えないフレーム（バイアス・先入見）となるのである。

（3）「プロジェクション」概念の分水嶺——投影から投射へ

　次に，ここでは一見，類似しているようにみえる，「投射」と「投影」が実は似ても似つかぬものであることを論述することにする。このように，「投射／投影」の差異もしくは分水嶺を示しながら，人間科学的に意義のある投射（プロジェクション），特に「子どものプロジェクション」について述べることにしたい。また，誤解を恐れずにいえば，投影は心理的防衛機制の一つにすぎないことから，人間科学的にも，子どもの人間形成にとっても不要なもの，それどころか，使用の仕方次第では有害にならざるを得ないものであることに言及する。今日，これほどサイエンスが進展しても，また，人間の心にかかわる神経科学が進展しても，旧態依然とした心理的防衛機制という捉え方が残存すること，それどころか，無前提に濫用されるのはどうしてなのであろうか。それにしても，私たちの大半はすでに，精神分析が役に立たないもの，時代遅れの所産であることを認めてきたのではなかったか。

　以上のことから，次に，投射／投影という差異を踏まえながら，投影から投射へと転回すべき必然性を明らかにしたい。

①投射と投影の分水嶺——フロイトからボールドウィンへ

〈1〉精神分析の「投影」概念

137

一般的に，「投影」というと，まず念頭に浮かぶのは，自我の防衛機制を表す精神分析の主要概念である。発達心理学辞典を紐解いても，それは「自己の内的な経験や感情，イメージを無意識のうちに他の人に投げかけ，あたかもその他人が自己の内的な経験や感情，イメージをもっているかのように反応する心の働き」[鑪幹八郎，1995：488]と定義されている。実際，「投影」概念は，精神分析を理論背景としつつ，精神分析家によるプロジェクティブ・テストもしくはメソッドの開発を通して進展してきたが，その基本的な捉え方は，ほとんど変わっていない。しかもこの概念は，従来，臨床的場面・状況においてセラピストがクライエントの人格を測定するために使用されてきたのである。

　もっというと，「投影」概念は，一般的に「隠されていた感情や価値判断や衝動の表出」[Langeveld，1976：50]という意味で使われてきた。この専門用語を最初に学問的に使用したのは，S.フロイトと J.M.ボールドウィンである。フロイトは，この精神分析用語を彼自身のヒステリー研究とパラノイア研究の文脈のなかで，元来，クライエントが持っている感情や興奮を他人の責任に仕立てることによって，クライエント自身の内的な興奮を解除し，変形すること，すなわち「主体の負担解除」と「情動変形」として使用した。

　敷衍すると，フロイトからみて，「投影」の機序は，次の三つの特徴から成る。

　すなわち，「自分のものが主体の向こうにある別のものへ仕立てられる。情動解除がこの置換に随伴する。さらに情動変形が現われる」[同前：51-52]，と。したがってそれは，「自我が，自分からある構成要素を分離して，それを外界へと投げ出し，それを敵対的なものとして感じ取る」[同前：52-53]ことである。具体的にいうと，迫害妄想患者が自分の内で感じられるべきであったもの——たとえば「愛」という

138

構成要素——を分離して，それを外界（他者）へと投出し，それを外（他者）からの自分に対する「憎しみ」として感じ取るといったプロセスとなる。

　具体的には，A.ミラーが指摘するように［Miller, 1980＝1983：115］，大人（教育する側）は，自分自身の内部にあって自分を不安にするものを分離し，何とか自分の力の及ぶ対象に投影しようという欲求を持つが，このとき，大人の投影にとって格好の対象となるのが子どもである。こうした投影によって大人は自分の中の敵を自分の外部に追い回すことができるようになるのだ。こうした投影を経て，大人は自らの自己愛的な心理的安定を求めて子どもに体罰を振るうことになる。

　以上のように，ミラーに継承される，フロイトのこうした「投影」概念の背後には，自閉的かつ自己充足的な自我認識が見出される。しかも，その強固な自我認識の前提には，「主観－客観の対立という図式」［同前：52］において自己と世界を捉えるという見方が存在するのだ。

　以上のことから，フロイトより受け継いできた，「主－客」，「内－外」図式を前提とする，いわゆる「投影法」と呼ばれる心理診断法（特に，ロールシャッハ診断法）は，批判的に検討されなければならないのである。

　また，従来，心理学的な文脈，すなわちロールシャッハ・テストやバウム・テストをはじめ，いわゆる「投影法」と呼ばれる心理的な診断法（判定法）においては，その命名（翻訳）の仕方に端的に示されるように，「プロジェクション」は「投影」と同一視されてきた。一般的に，「投影」とは，「姿を，あるものの上にうつし出すこと，また，そのうつし出された姿」（現代国語辞典），あるいは単に「物体のうつった姿」（広辞苑）のことである。こうした定義からもわかるように，「投影」という表現には，結果的に映し出された「影」といったネガティブなイメージが付きまとっている。しかもそのことに，前述した

139

「主－客」，「内－外」という分離・対立の図式が重ね合わせられるとき，この「影」は実像に対する虚像となる。つまり，「投影」という表現は，すでに存在する内なる本物の自己（実像）がまず先にあって，それが世界に向けてプロジェクトした結果，世界にその単なる影（虚像）あるいはその薄められたコピー（模像）が写し出されることを意味する。それはプラトンが洞窟の比喩で示したように，光源によって作り出された「影（＝虚像）」──イデア（真理）に対するドクサ（臆見）──にほかならない。

〈2〉ボードルウィンの「投射」概念

ところが，ランゲフェルドは，現象学的な教育哲学の立場から，「投影」概念を根本的に捉え直していくことを試みた。つまり彼は，この概念を，臨床的場面・状況における人格測定から（人格面も含め）「子どもの」能動的な活動を理解するためのものへと捉え直したのである。しかも彼は，「プロジェクション」を，精神分析のような「投影」ではなく，精神分析とまったく異なる意味で「投射」と捉えた。

ところで，ランゲフェルドが用いた「プロジェクション＝投射」という概念の出自は，ボードルウィンに見出すことができる。ボードルウィンは，「プロジェクション」概念を，フロイトのように，精神分析的な文脈においてではなく，子どもの精神発達の道筋を探究する児童心理学的な文脈において使用した。彼は，この概念を「子どもがある種の心的な経験の原因を，最初から自分自身のなかにではなく，外界のなかに求めている」[Langeveld，1976：54] ことに見出した。その一例として彼は，子どもにとって満足の経験が，母親の発見と結びついていることを指摘した。自分についてまだ何も知らない子ども（幼児）にとって，外界（他者）としての母親をはじめ，さまざまな人物が，プロジェクトそのもの──単なるプロジェクト対象ではなくて

140

——にほかならない。つまり，未だ確固たる主体とはいえない子ども
は，子ども自身の内的な経験を外に向かってプロジェクトしていくの
である。ここでは，自己と世界とが別々のものとして対向していると
いった，「主観−客観」の対立図式は前提とされず，むしろ自己と世界
との不可分性，あるいは「汝と我との根源的な不分離性」［同前：55］
——「世界−内−存在」（M.ハイデガー）——という存在様式がみられ
る。

　このように，ランゲフェルドは，「プロジェクション」概念を歴史的
に遡及することによって，次の二つの事柄を学び取った。すなわちそ
の一つは，「プロジェクション」概念がフロイトに代表される精神分析
的な文脈においては，「主観−客観」および「内−外」分離・対立（二
分法）という図式が前提として持ち込まれているということであり，
もう一つは，ボールドウィンが試みたように，「プロジェクション」概
念が自己と世界との不可分性（不分離性）にあるということである。
つまり，未だ確固たる主体でない「子どものプロジェクション」に限
定して適用されるとき，それは初めて十全に捉えられるということで
ある。しかも重要なことは，「プロジェクション」を「子どものプロジ
ェクション」として限定的に使用することが，「世界に対する意味付与」
という成長発達という独自の観点からの探求になることである。

　ただ，ここで注意すべきなのは，彼があくまで後者の課題を遂行す
ることを通して前者の課題に対処しているということである。したが
って，私たちはまず，後者に関するランゲフェルドの論述に焦点を合
わせていく必要がある。さらに彼は，ロールシャッハ診断法にみられ
るプロジェクション概念の固定性について批判するだけではなくて，
「子どものプロジェクション」を的確に診断することができる，絵画
解釈の発達分析法——「コロンブス法」と呼ばれる——を積極的に提
示しているが，これに関しても言及していくことにしたい。

141

②意味付与形式としてのプロジェクション――「投射」から「投企」へ

　まず初めに，ランゲフェルドは，「プロジェクションは個人的な意味付与の一形式である」[同前：61] と規定する。しかも，「大人においてもそうであるように，子どもにとっても世界の内に存在するということは，とりもなおさず世界を解釈するという永続的な課題である。」[同前] しかも，個人的な意味付与の一形式としてのプロジェクションは，「隣人に対しては拘束力のない一つのコミュニケーションの形式」[同前：63] であり，したがって「人間的な交渉や反省の要求に拘束されることなく，他人に一つの世界構想を示す可能性である。」[同前]

　ところで，子どもからみて，世界の解釈の型，すなわち世界への意味付与の形式は，大きく二つに分けることができる。一つは，公共的な意味付与形式であり，もう一つは，個人的な意味付与形式である。

　まず，公共的な意味付与形式とは，私たちが他の人々と共有するところの公共の共同生活や共同作業から生まれる意味解釈のことであり，一般的には常識や社会通念と呼ばれるものである。この意味付与形式は，私たちが社会生活を円滑に営む上で不可欠な意味解釈である。ただその中には，遊びのように，一部の遊び仲間のあいだでのみ拘束力を持つ公共的な意味付与形式もみられる。それはただ一時的にせよ，公共性の意味を超えて付与される，拘束力のない自由な付与形式である。

　これに対して，個人的な意味付与形式とは，私たちが一人の人格として，「私はそうである」「私はそうでありたい」などというように，自己認識をもって判断し，世界に対して積極的に態度決定することによって行う自分自身にとっての意味づけのことである。私たちは，この意味づけの形式を通して絶えず自分自身の世界を構築し，人格として自己自身を形成していく。また，この意味付与形式の中には，芸術

家や宗教家にみられるような，それ自体として一貫した独創的な意味世界を創出していく「創造的な意味付与形式」[同前：60] が含まれる。

　ここで誤解のないように急いで付け加えると，ランゲフェルドは個人的な意味付与形式およびその典型としてのプロジェクションだけが重要なものとみなしているわけでは決してない。前述した，これ以外の意味付与形式もまた，子どもにとって不可欠なものに変わりはないし，また，個人的な意味付与形式そのものが公共的な意味付与形式と別に存在するわけではない（万一そう考えるとすれば，それは悪しき二分法にすぎない）。ただ，彼がこの意味付与形式をプロジェクション概念と結びつけて重要視する理由は，従来，その存在意義が後述する「投影法」という表現のなかで見失われてきたからである。

　さらに彼は，個人的な意味付与形式としてのプロジェクションをより積極的に規定するために，それが有する過程的な性格の考えを端的に示す，次の Th. リットの言明を参照している。「もし人間が何といったところで，自分自身について何らかの観念［心像，イメージ，形象］をもつことをやめられないとすれば，この観念［心像］は決して，彼がもともとすでにそれであるものの模像ではなく，彼のなかで自己自身を確立すべく彼を動かし，彼を前へと駆り立てている契機である。」[Litt, 1938 ／ Langefeld, 1976：68 ／ cf. 森昭, 1977：150]，と。そして，ランゲフェルドはこの言明を踏まえつつ，プロジェクション概念を次のように規定している。「私たちの描く像がいわば私たちの求めている理想像であるとすれば，自己をプロジェクトする子どもは，自己をプロジェクトすることによって，さらに一層自己を発達させることになろう。」[Langefeld, 1976：68]，と。

　したがって，「プロジェクトしつつある子どもは，世界のなかへと自己－形成しているのである。何故なら，その子どもは世界のなかで自己を表現しているからである。まさにこうした形での暗黙の自己省察

143

のなかで，子どもの心は前にはなかった分節的な明晰さを獲得する。そして，正しく行われたプロジェクションにおいては，まず第一に，自分の生活の『型』への，すなわち，これまで織られてきた生活の衣服の雛型への『感情移入』が……発達する。しかし第二に，子どもは，手もとにある重荷を減らすだけでなく，同時に新しい形成をも可能にするような，新しい表現の可能性をそこで発見するのである。プロジェクションは，非常にしばしば一つの事実的な，新しい世界形成を行っているのである。すなわち，そこでは接触したり，試したり，子どもが熱望するか厳しく拒むような人間関係を真剣な遊戯のなかで企画したり，新しい活動や，課題や，目標の設計がなされているのである。プロジェクションのなかで，子どもは一つの世界と遊んでいる。[その遊びは]あまりにも『私の心そのもの』になり切っている。」[同前：68-69]，と。つまるところ，ランゲフェルドにとって，「プロジェクションとは，自己形成しつつある人間の子どもの，彼なりの世界形成を示す内的な言葉である。」[同前：77]

　以上，ランゲフェルドが最終的に到達した「プロジェクション」概念について長々と引用してきたが，ここに至って，彼がこの概念を現象学（実存哲学）でいう「投企＝企投（Entwurf）」とほぼ同じ意味で使っていることがわかる。

　「投企」という概念を最初に用いたハイデガーによると，現存在の開示性の一契機である理解は，投企という実存論的構造を持つ。そして理解とは，現存在が自らの存在可能性に向かって自らをプロジェクトする（身を投出する）ことであり，したがって，投企（＝プロジェクション）とは，自らの存在可能性（未来性）へと開示しつつ，かかわりながら存在することなのである。要するに，投企とは実存可能性のことである。

　ただ，「転回」以後のハイデガーは，投企よりも「被投性」

（Geborgenheit）を強調するとともに，存在によって投げられて存在の明るみの中へ脱自的に立つことが「被投的投企」であると解釈するに至る。ただ，前期ハイデガーの「投企」概念は，J-P.サルトルや前期 M.メルロ＝ポンティに継承され，実存主義運動の中で生きていくための指針として多くの人々に受容されていった。実存主義の鼻祖，サルトルは，意識が自らの諸可能性に向かって即自から脱出することを投企と呼び，メルロ＝ポンティは，それを身体が世界に内属しつつ世界を経験し粗描することと捉えている。

　いずれにせよ，「投企」とは，現存在が自らの存在可能性（未来性）に向けて自らを主体的に開示（表現）していくことであると考えられる。したがって，実存哲学者としてのランゲフェルドがいうところのプロジェクションとは，世界の中で自己を主体的に開示（表現）すること，すなわち「投企」にほかならない（以下，プロジェクションを実存主義的な意味で使用するときは，「投企」と記すことにする）。

　以上のように，ランゲフェルドにとって投企（プロジェクション）とは，子どもがイメージ（リットでは観念，心像）を表出（表現）することによって，それまで子ども自身が知り得なかった自己の新しい考え──実存哲学的には，自己の可能性──を開示しながら，そのことを介して自己を絶えず再構成していく──自己形成していく，あるいは自己が変わる──ことだ，と述べることができる。この場合，子どもがプロジェクトするモノとは，イメージ（観念，心像）なのだ。しかもそれは，不可視なものであると同時に，個々の子どもにとって多様なもの──したがって，個性的，独創的なもの──であることが想定される。

　こうして，ランゲフェルドにとってプロジェクションという概念は，抑圧された情動の解除や解放には尽きない，新たな世界企投（「世界形成＝自己形成」）への主体的な契機が含まれていることが解明された。

それはまた，「プロジェクション＝企投」という規定の仕方が，精神分析と教育学の分水嶺になることを意味する。というのも，精神分析はフロイトに顕著に見られるように，プロジェクションを抑圧された情動の解除や解放といった消極的な機能だと捉えるからである。

　むしろ教育学的には，そうした機能では捉え尽くすことができない人間形成機能がより重要なのである。さらに付け加えると，それはまた，人間学（教育人間学も含む）と教育学の分水嶺にもなる。人間学を提唱する A.ゲーレンは，先天的に「欠陥存在（Mängelwesen）」である人間は，自らが持つこうした欠陥を所与の「負担」として受けとめ，それを彼ら自身の自発的な文化創造活動によって克服していく──その克服過程が「負担軽減（Entlastung）」と呼ばれる──と述べたが［Gehlen，1961=1970：48-57］，この場合の文化創造活動による「負担軽減」もまた，投企の観点からみると，消極的な機能でしかない。したがって「プロジェクション」理解において，人間学と精神分析は五十歩百歩なのである。

　厳密にいうと，投影という精神分析的な機序は，ランゲフェルドが批判するように，「内－外」，「主－客」という対立図式だけで解明できるほど，単純なものではない。この点については，廣松渉の表情（相貌）論を援用することで補足しておきたい。

　廣松は，未開人や子どもに汎通的に見られる「相貌的知覚（pysiognomic perception）」，すなわち彼らにとって世界が相貌的に，あるいはさまざまな表情をもって立ち現われるということを経験科学の知見を通して解明していく中で，私たち近代人はなぜ，その表情体験の如実相（万物を表情性において如実に感得すること）を認めず，それをなぜ，単なる擬人法的な類推で説明してしまうのかについて考察している［廣松渉，1990］。

　彼が考察の結果，着目したのは，私たち近代人が前提とする近代の

「表現」概念である。彼の緻密な分析によると，それは，次の二段階を経て生み出されてくる。すなわち，まずは，純粋知覚（世界を鳥瞰する神の視覚）を通して「内－外」，「主－客」という枠組みが作り出され，各々の項に「私」と「対象」が充てられる（結果的には，ランゲフェルドの考えと符合する）。その上で次に，情意（感情）的な成分が「私」の項の方に累加される。このようにして，近代の「表現」概念は，知覚（純粋知覚）プラス感情によって仮構されるのである。その結果，「相貌（表情）」というとき，この既成観念にしたがうと「感情・情動・意志といった"内なる""心的現象"が体表の様態という"外なる""物的対象"となって表出（表現）される」［同前：2］ことになる。しかも，それを因果関係から捉えると，「物的対象（外なるもの）＝結果」は，心的現象（内なるもの）を原因として生み出される。この論理回路を通して子どもの相貌的な理解は近代人にとって擬人法的な類推または感情移入——「理解者の側での主観的な投射・投入」［同前：5］——にすぎなくなる。

　しかしながら本来，知覚と感情を截断して，両者を累加的に捉えるというのは，単なる叙述の便法（事後的な説明）にすぎない。むしろ，「純然たる知覚現相などと言うものは如実には存在せず，如実の現相は，その都度既に，"情意的な契機を孕んで"おり，本源的に表情的である。」［同前：17］正確には，要求特性・誘発性（ゲシュタルト心理学）［Koffka, 1935＝1988］やアフォーダンス（生態学的視覚論）［Gibson, 1979］などの経験科学の知見に照合しても，純粋知覚は存在し得ず，「如実の環境世界的な現相は，本源的に情意的価値性を"懐胎"せる表情性現相」［同前］なのである。その意味で，投影という心理作用もまた，擬人法的な類推や感情移入と同じく，近代的な「表現」概念と同一の地平にあるという点で，批判の対象となる。

　以上のことから，投影という精神分析的な心理機能を前提とする心

理学的なテストは，適切であるとはいえないことになる。その代表が
ロールシャッハ・テストである。それがプロジェクション概念を投影
とみなす誤りに関連して，何よりも問題となるのは，それがプロジェ
クトすることを極度に拘束するテストであるという点である。つまり
このテストは，被験者（子ども）があらかじめ一義的に意味付与され，
加工された世界（「構造＝枠組み」）の中で（子ども自身にとって）た
だ偶然的で連関のない答え——まったく「主観的」な解釈——を出す
ことしかできない不自由さ（拘束性）を持っている。言い換えると，
そのことは，このテストでは，「被験者の実存，世界－内－存在がほと
んど放棄されている」[Langefeld, 1976：64] ということなのだ。「ロ
ールシャッハ検査は，一つの（明確な）世界像を与えるが，それは主
として形式的な意味での世界像」[同前：65] なのであって，被験者（子
ども）にとって有意味な世界像では決してない。それゆえ，被験者は
自己を認識することができないのである。

③コロンブス診断法にみる「投企」概念の動態性

つまるところ，「プロジェクション」概念にみる心理学と教育学の分
水嶺は，投影と投企にみられる意味の差異に収斂されることになる。
繰り返し強調すると，プロジェクションとは，投影ではなく，投企で
あり，その意味するところは，子ども自身が予感している可能的，規
範的な自己と世界像の自由な投企であり，積極的な自己形成なのであ
る。したがって，プロジェクティブなテストは，子どもに投企を呼び
かけることができ，しかもその投企が明確に確認できるような形で展
開し得るものであるとき初めて，子どもの動的な内的過程を把握でき
ると同時に，子どもが自己発見することを援助し，発達を促進させる
ことができるのである。だからこそ，「優れた心理学的な検査が，その
プロジェクティブな部分によって，被験者を教育的に秩序づけ，自由

148

にし，解放する働きをなすことがあるとしても，驚くにはあたらないのである。」[同前：68]

　そして，この類いのテストでは何よりも，子どもが生きられる力動的な世界（生活世界）を理解するとともに，子どもの発達を促進するべく（子ども自身を）援助していくことが目的となる。その目的を実現するためには，テストは単なる事実の記述やまったくの作り話ではなく，現実的，公共的な意味の世界を背景としながらも，子どもの自由な，それでいて真摯な個人的な意味付与，「その子」独自の世界解釈を引き出すことのできる技法が不可欠となる。そのために考案された「優れた心理学的なテスト」が，「コロンブス法」[Langefeld，1974：112-122] と呼ばれる，絵画解釈に基づく発達の分析法である。

　「コロンブス法」テストの最大の特徴は，被験者（子ども）と実践者を媒介するメディアとして絵画，特に子どもが自ら描いた絵が多用されていることにある。あるいは，それ以外の絵を使用するときでも，あまりにも限定された状況や強烈な意図を持ったものは避けられる。したがって，こうした絵画がメディア（表現系）として活用されることによって，子どもはほとんど拘束を感じることなく，表現された場所（テクスト）に自己を参加させ，投企させることができる。その上でこのテストでは，被験者（子ども）と実践者（教師）が互いに親しいパートナーとして対話し協力しながら，子どもの生きられる意味の世界を一緒に探険することができるような「遊戯的な」態度が求められるのである。

　このように，コロンブス法とは，「子どものプロジェクション」を，子どもの積極的な世界投企（意味解釈）と捉えた上で，子どもの発達過程を，教える行為を前提とした子ども自身の探険の歴史と捉えることによって，被験者（子ども）と実践者（教師）がこの絵を介して積極的に出会い，被験者（子ども）が何から離れて何に向かおうとして

いるのかをともに探究し，発見しようとするものである。それが「コロンブス」というように，世界的な冒険家の名前が付けられたのは，子どもの発達が，たとえ事柄全体としては新しいことは何もなくても，子ども自身にとっては発見の旅であり得るということ，またこの旅は未来の独立と解放を求めて絶えず困難を克服していく過程であるということを示すためである。

　ただ，コロンブス法に限らず，プロジェクティブなテストでは，一般に何が標準かが難しく，実践者によって解釈が分かれることが難点だと考えられている。ところがこれは，このテストの使用者の「質」，すなわち試験者の子どもに対する理解の基本的な構えと経験が重要だということであって，プロジェクティブなテスト自体の価値や有用性を否定するものではない。それ以上に重要なことは，「教育的に有意味なテストは，教育的状況から遊離した心理学者不在の心理測定ではなく，テストし診断すること自体がすでに教育形成的であるような，教育学的な心理判断でなければならない」[Langefeld，1976：228（訳注）]ということである。つまり，プロジェクティブなテストは，どのような種類のものであれ，子どもの自由な投企を可能にする無拘束なものであることに加えて，それを契機にして子どもと教師が出会うことにより，子ども自身の発達過程をともに探求し，かつ促進していくものであることが要請される。

　これまで，ランゲフェルドの学説に沿って，プロジェクション概念を分析した結果，「投影」と「投企」の相違が，精神分析と教育学の分水嶺，さらには人間学と教育学の分水嶺となることが明らかにされた。そしてこの「投企」には，精神分析でいうところの，抑圧された情動の解除・解放や，人間学（教育人間学）でいうところの，文化創造活動にみられる負担軽減には還元し尽くされない，自己形成しつつある子どもの，子ども固有の新たな世界形成への能動的な人間形成機能の

150

契機が含まれていることが明らかになったのである。

④プロジェクションとしての「作業」概念

　前述したように，ランゲフェルドからみて，プロジェクティブなテスト（たとえば，絵画をメディアとするコロンブス法）は，子どもの自由な投企を可能にする無拘束的なものであると同時に，それを媒体にして子どもと教師が出会うことによって，子ども自身の発達過程（自己形成過程）をともに探究し，促進していくものであることが要請された。つまり従来，プロジェクションについて言及される場合はその捉え方の如何にかかわらず，診断法的なテストも含めた臨床的な場面・状況と相場が決まっていた。

　ところが，プロジェクション概念は，こうした臨床的な絵画テストにおいてだけでなく，J.デューイのような経験主義教育の中にも見出すことができる。

　ところで，デューイは「作業（occupation）」概念を理論化していく中で，プロジェクション概念を次のように捉えている。「すべての思考は，前には知られていなかった考えを投射すること（projection）において，独創的なのである。積み木を使って，何をすることができるかを発見する３歳の幼児も，５セントと５セントを合わせればいくらになるかを見出す６歳の幼児も，たとえ世の中の他のすべての人がそのことを知っているとしても，真に発見者なのである。そこでは，経験が，新たに増大している。つまり，ある項目が機械的に付加されたのではなくて，それが新たな質（new quality）によって豊かになっている。」[Dewey，1916＝1975：253]「遊びや仕事における作業のもつ究極的な教育的価値は，これらの作業がこうした意味の拡大［意味付与─著者］に最も直接的に役立つという点にある。」[Dewey，1916＝1975：27]

一般的に，私たちが対象に働きかけて，モノ（道具）を作り出す（制作する）ということは，生産的，技術的な観点からのみ捉えられてきた（いわゆるホモ・ファーベルとしての人間観）。デューイの作業概念もまた，この観点を否定するものではない。ただ，こうした理解は，人間の制作行為の一側面を捉えているにすぎない。というのも，生産的，技術的な観点とは，制作されたモノや作品といった結果だけしかみていないからである。この観点に連動して，かつての労作教育のように，モノを制作することにかかわる，技能の形成（向上）や他者との協調性などの道徳性の形成が教育的価値として強調されることが少なくない。ところがいずれも，制作のプロセスと事後的な成果とが混同されていることに注意しなければならない。

　高橋勝によると，デューイのこの作業概念には，プロジェクション的な要素が多く含まれているがゆえに，子どもにとって遊びや作業などの諸活動が，学習活動を引き起こすことになるとしている。つまり，「『前に知られなかった考え』を，対象のなかに作り出していくということは，……『学習』が成立していることと同義である。積み木をつかって，何を作り出すか，5セントと5セントを合わせればいくらになるか，そのような未知の状況（テクスト）のなかで，子どもがそれを解決する（読み解く）新しい『考え』（コード）を，具体的に創出して，対象に意図的に働きかけていくことが，『プロジェクション』なのである。それは，子どもと世界との間に，新しい『関係性』を創出していく営みである。そのようにして，子どもは，世界を『発見』していくと同時に，自己の『意味世界』を，常に新たに構成し直していくのである。」［高橋勝，1992：114］，と。

　このように，デューイの作業概念もまた，高橋が指摘するように，その活動を通して子どもがさまざまに自己を投企し，全身でモノに働きかけながら，新たな「意味世界」を探索し，構成していく行為であ

ることになる。ここでも，作業活動を介しての，子どもの主体的な自己投企が，ランゲフェルドが述べる，新たな「世界形成」への人間形成機能の契機を胚胎していることがわかる。

⑤ 「子どものプロジェクション」としての写真投影法

　ところで，ランゲフェルドの「子どものプロジェクション」と最も近い " 投影法 " として野田正彰が開発した「写真投影法（Photo Projective Method：PPM）」がある。

　野田によると［野田正彰，1988：198-199］，近代の心理学は，心の働く場を個人に限定してきた。最初に一人の人間の心理があって，その次に個人と個人との相互関係の心理があると仮定してきたし，現在でも仮定している。つまり，近代の心理学は，原子としての個人の集まり，すなわち集合体を社会と考えたのである。この考えによると，個々人（諸部分）の加算が社会（全体）ということになる。一方，社会学は，社会をモノと考え，人間の主観的世界と切り離してしまった。

　ところが，現実の私たちの体験は，個人でも社会でもない，強いていえば，その中間的な「私たち」の領域で行われている。むしろ中間的な領域から価値観，感情表現の形，外界の視角などを取り入れ，再び，この中間的な領域に向かって感情や判断を投げ戻している。個々人の体験についていうと，私の体験は前もって私たちの体験の中に溶け込んでいるのである。

　こうして，個人を起点に社会を考える近代の心理学と一線を画して，主語のいまだ不分明な——「私の」体験，「私たちの」体験といった主語の主体を不確定にしたまま——，体験されている世界から考えていくことが，個人という単位を設定してその個人と環境の関係はいかにと問うことよりも，自然で実りがあると考えられる。要するに，個人と社会の中間領域から，人々（特に，子ども）が自分の世界を選びと

る様式を理解していくわけである。

　前述したように，個人の人格について何らかの刺激を与え，その反応によって読みとる「投影」的人格検査は，心理アセスメント領域において多々開発されている。なかでも，ロールシャッハ・テストとバウム・テストは，抽象度の高いテストの代表である。しかしながら，それらの投影法は，近代の心理学のドグマ，というよりも近代合理主義の前提でもある，個人の自我に焦点づけられた分析方法にすぎない。それらをもってしても，個人の心理に限定されない，モノと環境と人々とのほどよいかかわりをそのまま取り出して，解釈することはできないのである。

　そうした方法を代替する候補として一連の描画法（絵画法）あるいは描画テスト（絵画テスト）が考えられる。確かに，描画（絵）は体験された過去の世界に入っていく材料として優れた方法である。ところが，モノや環境を多面的に描き出すには大きな制約がある。その制約とは，絵は何枚も続けて描くことができないということである。

　それならば，カメラを使用すればどうであろうか。確かに，描画とは異なり，過去の体験された世界に戻ることは不可能である。にもかかわらず，今，生きている世界を多面的に切り取り，構成していくことは可能であるし，容易である。

　以上述べたような問題関心およびメディアの特徴を総合して創られたものが，野田の写真投影法なのである。普段，子どもたちはさまざまな人やモノ，たとえば母親，隣のおじさん，友だち，テレビ，公園，道路，看板，コンビニ，駅，川等々に出会いながら，そうした外界を自己の内面のフィルムに映している。その像は外から見えない。ところが，彼らの内的世界に像を結んだ外界は，内にある彼ら自身と向いあっている。こうした両者の間隙にカメラというファイバースコープを入れることによって，子どもたちの眼に映った外界と子どもたちを

154

相互に分析することが可能になるのである。

　こうして，野田は「個人と社会の中間の世界を垣間見る方法」として「写真投影法」，正確には「写真による環境世界の投影的分析方法」を開発したのである［同前：203］。野田自らも，過去に京都，大阪，神戸の三都市の小・中校生を対象に写真投影法を実施している。

　繰り返すと，写真投影法とは，写真を通して人の心に主観的に映った世界をみる調査方法である。この研究手法の優れたところは，写し出された写真をもとに，調査者が子どもたちの心の世界を読みとり，それについて語り合うことができることである。実際に手元に集まってきた写真を見ると，さまざまなイマジネーションが湧き起こってきたという。それは，子どもたちの心にある家庭・地域・都市のイメージをファイバースコープで覗き見るような感じである。

　写真投影法が作成される以前，都市の子どもたちの生態は，大人の眼からみた（観察した）ものが主流であった。確かに，そうした調査・観察研究は，客観的なものであり，方法論としては妥当なものであった。ところが，こうした客観的な分析方法に欠落していたのは，子どもたちのまなざしに映った家庭，地域，都市を理解し，環境と子どもとの関係をあるがままに捉えていくことだったのである。そうした関係は，写真の分析によって初めて可能になるのではなかろうか。

　子どもたちが何を写したか，何度繰り返し写したか，どのような角度で，どこからモノに向かったか，被写体と子どもとの関係はどのようなものか，人が写っているかいないか，生活のストーリーがあるかどうか等々，総じて「奪われた社会」，「特化された社会」，「病んだ社会」，「希望のある社会」等々というように，子どものまなざしを介してみた社会の相貌が透視されてくる。なお，筆者は写真投影法を用いて大がかりな子ども調査を行い，その成果を公表したことがあるが，ここでは写真投影法の理論の紹介にとどめておくことにする（その成

果の一部は，［中井，2008：41-58］で詳述している）。

結 語

本書を通して明らかになったことを次に要約することにしたい。

1. 世界了解の様式もしくは認識仕方は，視覚認知を起源（発端）に
   規定されている。つまり，世界了解の様式としての「行動」は，視
   覚認知の経路としての背側視覚路に規定されるとともに，駆動され
   ている，一方，もう一つの世界了解の様式としての「意識（表象）」
   は，視覚認知の経路としての腹側視覚路に規定されるとともに，駆
   動されている。

2. 私たち人間は，非言語的・非記号的にもしくは無意識的・無意図
   的に何らかの行いをするのは，動物と同様に，「行動」である。それ
   に対して，私たち人間は言語や記号などを介した「表象」によって
   外界を内的に構成した上でその内的世界にかかわる行いをするのは，
   動物とは一線を画する「意識」である。「行動」は，アフォーダンス
   理論が示すように，モノを直に認識する。それに対して，「意識」は，
   モノを自らの内的世界の中でのみ認識するとともに，操作する。

3. 従来の認識論では，「行動」も「意識」も，外界からの刺激を一方
   的にインプットするというように，捉えられてきたが，認知科学に
   おけるプロジェクション科学が提起するように，それらは，認識し
   たものを内から外へ向けて投射（プロジェクション）することが明
   らかにされた。認知科学が解明したのは，認知もしくは認識が，イ
   ンプットからアウトプットへの円環（サイクル）から成り立つとい
   うことである。

4．従来の認識論から新しい認識論への転回によって，「行動」における認識にも，「意識」における認識にも，各々，新たに投射（プロジェクション）が加えられる。その場合，「行動」におけるプロジェクションとしては，初期発達に起源を有する原初的プロジェクションであるイメージスキーマおよびその文化的領域への隠喩的投射（プロジェクション）が，「意識」におけるプロジェクションとしては，さまざまな「表象」およびその典型である，「因果律」と「前理解（先入見やバイアス）」が挙げられる。

　なお，認知科学におけるプロジェクション科学は，「意識」におけるプロジェクションを人工物を用いた実験に適合するように，特殊化したもの，すなわちきわめて抽象度の高いプロジェクションである。そうしたプロジェクションのタイプとして，知覚を基準とする「実投射」，「異投射」，「虚投射」が挙げられる。「異投射」と「虚投射」は，人工物を対象とするときにのみ実在するプロジェクションのタイプである。

5．認知科学におけるプロジェクション科学の提唱は，従来の認知科学の転回のみならず，従来の認識論の転回をもたらす画期的なものであるが，それが提唱するプロジェクションの大半は，日常世界には実在しないか，もしくは，人工物の世界にのみ実在する類いの投射である。日常世界におけるプロジェクションとしては，「行動」における無意識的なプロジェクションがまず実在し，それを基礎に，「表象」としての「因果律」や「前理解」など「意識」における意図的なプロジェクションが多数，実在すると考えられる。

注 釈

1) J.リベットは，人間には自由意志はあり得るかという問いを脳波の実験を通して検証した。たとえば私は，机の上に置いてあるペンを取るために手を動かそうとしたとする。私の意識が「手を動かそう」と意図した時刻とほぼ同時刻にその行為が準備され始動されるのであれば，「意識」と「意図」が一致していることになり，私の自由意志が存在することになる。ところが，リベットは，無意識下の電位を厳密に測定することによって，私の意識が「手を動かそう」と意図した時刻よりも 0.35 秒も前に，無意識下では「手を動かそう」とする準備が起こっていることを実証した。脳波の測定からすると，無意識の自律分散的処理（" 小人たち "）がペンを取ろうとして「手を動かそう」と準備するのを t_0 とすると，意識が「手を動かそう」と準備するのは，t_0 + 0.35 秒，さらに実際に「手を動かす」のが，t_0 + 0.35 秒＋ 0.24 秒となる。測定した結果をみると，無意識が準備態勢に入る時間と意識が準備態勢に入る時間とのあいだは，わずか 0.35 秒しかなく，微々たるものにみえるが，実は脳波のような電気系統の場合，この差はとてつもなく大きいのである。

　以上のことから，リベットの実験は，「手（からだ）を動かそう」という意図を私（私たち）が意識するはるか以前に，無意識下の脳の中で手を動かすための準備が始動されていることがわかる。そのことからすると，私が意図や自由意志を意識すること自体，大いなる錯覚であり，私は一連の行為を「主体的に意図して」遂行したかのように，錯覚していることになる。繰り返すと，意識（私）は，無意識下の意図（意志）のエージェントが情報処理した結果を，あたかも主体的な体験であるかのように後から追認もしくは（自らが捉えたと）錯覚しているのである。また，リベットによると，脳の無意識の自律分散的処理システムのうち，私の「意識」に上ってくるのは，わずか 100 万分の 1 に過ぎないという。

2) J.ピアジェを中心とする先行研究に対する批判についてマンドラーの考えを敷衍すると，次のようになる。幼児には知覚分類と感覚運動ルーチンがあるが，物事に対する概念はまだないとされている。それでも，２歳までに概念システムは確実に形成される。その間何が起きたのか。どのように幼児は，感覚運動的生物から概念的生物に変化したのか。勿論，この変化についてピアジェは持論を唱えたが，概念表現の発現についての彼のアプローチがその通り正しいとは，考えられない。というのも，ピアジェは概念形成の仮説に必要な重要側面を見落としており，概念表現が彼の学説よりもかなり早く始まることを示唆する，現在分かっている事実と調和しがたいからである。

　ピアジェの学説では，感覚運動段階の最初の１年半の幼児は，世界を概念化（表現）する能力がまだない。シンボル機能の発達は，長くゆったりしたプロセスで，イメージの形での感覚運動スキーマの高速化と「内化」を要する。この変化の詳細なメカニズムは不明だが，模倣がその一要素であるという。生後約９ヵ月を過ぎると幼児は，他者の複雑な行為を分析し再現できるようになる。そのような模倣が次第に最初のシンボルを形作るイメージになるとされる。

　ところが，この学説は，これらのシンボルが喚起する概念のフォーマットを特定しておらず，また感覚運動スキーマとの相違についても述べていない。表現するものが非常に限られている感覚運動スキーマと，概念が同じであるはずがない。ピアジェのいう変遷には，そのような制約を乗り超えさせる意図があった。単に感覚運動スキーマが概念に変遷したと述べるだけではなく，その詳細と表現方法も特定する必要がある。

　概念の習得方法について，最も受け入れられている解答は，ピアジェの感覚運動発達説に基づいている。その説では，１歳半までのほとんどは，前述した物体の知覚（感覚運動）分類の発達に費やされる。ピアジェは，これらの分類は概念的な性質でなくともよいと認識した。そして実際にそれが概念的ではなく，各種物体（及び事象）の認識及びそれらの存在のもとで適切な行動を可能にする，複数の知覚-運動スキーマから構成されると仮定した。この期間に物

体に関する思考を可能にする概念的表現を幼児が持っている論拠は見られなかった。ピアジェの分析では，感覚運動スキーマが「内化」し，「高速化」し，そして進行中の知覚や活動から解放された時に概念が発達する。この変遷は物体との物理的相互作用による学習に依存するところが大きく，約 1 歳半程度の感覚運動期から前操作期への移行時に起こるとされている。

　ピアジェの幼児期の感覚運動段階の学説は広く受け入れられており，彼の学説の他の側面に向けられた批判的反応の多くを免れてきた。それでも，彼の幼児の認識力に関する説は，いくつかの理論的で経験的な難問に直面する。理論面では，感覚運動スキーマが概念に移行する方法について十分な説明がない。ピアジェの学説は，感覚運動期を通して，活動スキーマが徐々に高速化し，感覚運動の制約から解放されると述べるにとどまる。この発達の主な手段は模倣であるとされる。幼児はより複雑な活動を徐々に模倣し，それが次第にイメージの形で内化する。このプロセスでいかにイメージが作成されるのかについては述べられていないのである。

3) 認知意味論の立場から従来の客観主義的意味論に対する批判を述べると，次のようになる。本論でも言及したように，マンドラーの認知意味論に基づく発達心理学研究の知見を通して，知覚やイメージとも，概念（言語）とも明確に区別されるイメージスキーマといった前言語的表象の水準が存在することが確証された。認知意味論がイメージスキーマを提唱することになった動機には，従来の認知科学，特に AI（人工知能）研究を志向し，表象主義の立場を採る「客観主義的な意味論」に対する批判が見出される。これに対して，認知意味論は，R.P.ホネックが述べるように［Honeck, 1989］，認知の基礎づけを身体経験に求め，身体を持たないものは自然知能（Natural　Intelligence：NI）を持ち得ないとする立場を採る。

　ところで，認知意味論によって批判される「客観主義的な意味論」とは，「意味とは，記号表象と客観的な（心から独立した）現実との間の抽象的関係」

［Johnson, 1987=1991：30］だとする見方のことである。また，「概念とは，一般的な心的表象，あるいは論理的存在者と解される。」［同前］いずれにせよ，意味の客観主義とは，ソシュール的な意味で二つの恣意性から成る抽象的な記号と，あらかじめ実在する世界（事物）とのあいだに客観的な対応関係を見出していくものにほかならない。こうした見方では，意味は純粋に概念的なもの，命題的なものもしくはアルゴリズムにしたがうものへと還元され，前述したような，身体的で非命題的なイメージスキーマは一切不要なものとみなされてしまう。

　しかしながら，こうした見方は，認知意味論からすると，カテゴリー（概念）の古典理論と結びついた，悪しき言語主義的な捉え方にすぎない。カテゴリーの古典理論とはたとえば，「あなたが論文を書く場合，使用する概念を明確に定義しなさい」というケースがこれに当たる。この理論によると，ある対象（概念）がＸというカテゴリーに帰属するための必要十分条件は，まず属性（内包），すなわちどういう性質を持つかを列挙すること（「鳥」ならば，「翼・嘴……」）と，対象の集合（外延），すなわち他にどういう仲間があるかを列挙すること（「鳥」ならば，「カナリア・モズ・タカ……」）となる。

　これに対して，新カテゴリー論と呼ばれる――カテゴリー形成の基盤を身体経験の水準に求めるという意味で，認知意味論［Lakoff, 1980=1986／1987=1993］の理論的柱となる――，E.H.ロッシュのプロトタイプ（効果）理論［Rosch, 1977：213］は，カテゴリーの古典理論を，次の理由から批判する。すなわちその批判とは，人間が実際に保持しつつ，使用しているカテゴリーには，古典的カテゴリー論の定義（特に，「内包」）に納まり切らないものが数多く存在する，というものである。つまり，新カテゴリー論では「概念」を自然に形成されるカテゴリーであると捉えるがゆえに，すべての成員にとって共通の必要十分的な定義的属性などは存在しないとみなすのである。

　さらに，ロッシュは，カテゴリーの成員がすべて同等の地位を持つのではなく，よりその「カテゴリーの成員らしい」と判断される成員と，そうでない成

162

員があることを指摘した（プロトタイプ効果）。ここで，「成員らしさ」とは，E.フッサールの「前述定的類型化」［Husserl, 1939／1972］，または L.ヴィトゲンシュタインの「家族的類似性」［Wittgenstein, 1953=1976：70］に対応する。たとえば，「鳥」というカテゴリーの場合，カナリヤ・モズなどは「カテゴリーの成員らしい」ものに，ペンギンは「カテゴリーの成員らしくない」ものに属する。これに対して，コウモリは，実際には「鳥」の成員ではなく，「獣」［＝哺乳類］に属するにもかかわらず，「鳥」の成員と誤って判断されやすい対象である。この「らしさ」を決定づけるのは，当該カテゴリーの科学的な「本質＝定義的属性」であるよりも，日常生活での熟知度であったり，人間にとっての表象しやすさであったり，隣接カテゴリーとの区別のしやすさ（「鳥」と「獣」）であったりする（いわゆる，「らしさ」の認知）。したがって，古典的カテゴリー論でいう「内包」と「外延」は各々，不正確さを持っているのだ。

　以上のことから，新カテゴリー論では，子どもたちの既有のカテゴリーがどのようであり，それが形成したいカテゴリーとどのように異なるのか，そして前者を後者へと移行させるにはどのような戦略があるのかが教育行為にとっての関心事となる。たとえば，幼児はウチの≪ポチ≫を典型事例（プロトタイプ）とみなすことによって〈犬〉の概念を形成していくのが普通である（既有のもの＝プロトタイプを手がかりとする，未知なるものの習得）。

　こうして，認知意味論およびプロトタイプ理論を通して，知覚やイメージの水準とも，言語（概念）の水準とも異なる認知的装置として，イメージスキーマの存在が明らかにされたのである。

4）一般的に，私たちは，さまざまな事柄を繰り返し経験し，知識や技術を学習することによって意識的，無意識的にものの見方や考え方を形成する。そして，こうした学習経験を統合することを通して私たちは，「その人なり」の「信念」，すなわち素朴な理論を暗黙裡に形成するのである。しかも，こうした素

朴な理論の形成は，自然現象，社会事象，人間行動，知能・知識観，発達観など広範囲にわたる。なかでも，人間行動に関する素朴理論は，「素朴心理学 (folk psychology)」——他に「民間心理学」，「通俗心理学」と訳される——と呼ばれ，心の科学を志向する認知科学や人工知能研究の領域で注目されている。P.M. チャーチランドによると，素朴心理学とは，「人間の行動を説明したり，予測したりするために使われる概念，一般化，経験則の大雑把な集合」[Churchland, 1986：299] を意味する。

　たとえば，ボヘミヤ事件のなかのホームズは，重要な写真の隠し場所を知るために，火事を装って見事に犯人の行動を予測した。確かに，ホームズの機知は天才的なものであることに相違はないが，ただ状況を正確に知ることができれば，この種の予測は誰にでもたやすく行うことができるものである。この場合，私たちは，行動主義心理学や神経生理学などの特別な科学的知見を用いて予測するのではなく，私たち人間が普通持っている知識や欲求，たとえばその写真を保存したいという犯人の要求，煙のある所は普通，出火場所であるという常識，火事は写真を焼失させると信じられることなどによって犯人の行動を予測し，誘導するのである。こうした他人の信念や知識，欲求を推し量る能力，あるいは，それらを結び付けている無意識の理論を，学問（科学）としての心理学に対して，素朴心理学と呼ぶのである [Stich, 1983]。

　このように，素朴理論のひとつである素朴心理学とは，人間行動や心についてまったく素人である私たちが，他の人々の心的状態——欲求や信念など——を推し量りながら，その時々の自分や他人の振る舞いを理解したり説明したりする際に準拠する，心についての実践的知識の集積（常識）とほぼ同じであるといえる。私たちが他の人々と協調しながら，日常生活を円滑に営むことができるのも，心についてのこうした素朴理論（常識）を共有しているためであると考えられる。つまり，「常識としての素朴心理学は，毎日の生活の中での，私たち一人ひとりの，"心の動きのかじ取り"を適切に行う道具なのである。」

　[丸野俊一，1994：10]

164

　さらに重要なことは，科学としての心理学が著しく発達した現在においても，依然として子どもも含め，私たちが素朴心理学の有する概念，一般化，経験則を使用して日常生活を営んでいるということである。たとえ，人間の行動や心理についてのエキスパート——たとえば，心理学者——といえども，ごく普通に日常生活を営んでいるときは，この素朴理論に依拠しているものと思われる。見方を換えると，科学者であれ，素人であれ，日常生活を営む上で「その人なり」に「心理学者」または「科学者」にほかならない。素朴心理学を含む素朴理論（広義）には，児童生徒が有する独自の素朴生物学，素朴物理学等々があり，今日の学校教育（特に，理科教育や科学教育）の現場で積極的に活用されている。

5）私たちが普段，使用している言葉，「原因」と「理由」がどのように違うのか，すなわちどのように使い，そしてどのように使い分けているかについて検討する。

　ところで一般に——辞書的な意味では——，原因とは，ある物事・状態・変化を引き起こす元になることである。これに対して，理由とは，物事がそうなった根拠，または物事をそのように判断した根拠である。

　原因と理由の共通点は，原因も理由も，結果に対する「どうしてか」，「なぜか」への応答にある。いわゆる結果に対する説明的再構成・再現である。一方，両者の違いは，原因が，何かマイナスの印象を与えることが起こった場合（よくないことが起こった場合）に使われるのに対して，理由は，そうした良くない場合には使用されないことにある。「テストに失敗した原因」という言い回しはあっても，「テストに成功した原因」という言い回しはない。

　このように見ると，私たちは原因を何かマイナスの印象を与える場面でのみ使用し，理由を良いこと，悪いことの区別を超えてあらゆる場面で使用していることがわかる。理由の方が原因よりも使用する範囲が広いというわけである。ただ，原因は良くない事態が生じた場合に使用することもあって，原因の方が

そうとは限らない理由よりもはるかにインパクトが強い。たとえば「受験に成功した理由」よりも「受験に失敗した原因」の方が衝撃的なのだ。

　なお，原因と類似した概念に「要因」がある。普通，要因は，主な原因を意味する。ただ私たちは，日常的に要因を使用することは稀である。つまり要因は，多くの原因があってその中の主な原因とは何かというように，分析した結果初めて析出されてくる概念である。要因は，原因と比べて，科学的な分析などの過程を経たものであり，報告やレポートなど堅苦しい場面でのみ使用されることが多い。特に，「会社の売上下落の要因」というように，ビジネス界でのマーケティング分析によるレポートや報告で頻繁に使用される。ただし，要因は原因とは異なり，良くない印象を与える場合でも使用される。

　このように，私たちは原因と理由，さらには原因と類似した要因を文脈によって適宜使い分けていることがわかる。私たちにとって最も衝撃的な概念は，良くない事態やマイナスの印象を与えるときにのみ使用する原因である。これに対して，主な原因としての要因と理由は，良いこと，悪いことの区別を超えたあらゆる場面において使用される。それだけ，この二つの概念は，原因と比べて印象が薄い。要因はさておき，日常頻繁に用いられる原因と理由は明らかに異なるのである。繰り返し強調すると，印象やインパクトの強さからすると，「原因＞理由」となる。ただ，使用可能な範囲からすると，それとは反対に，「原因＜理由」となる。

文　献

[１]

藤田　一郎　2013　『脳はなにを見ているのか』角川書店。

Gibson,J.J.　1979　The Ecological Approach to Visual Perception, Houghton Mifflin Company, 1979.（J.J.ギブソン，古崎敬，他訳『生態学的視覚論』サイエンス社，1985 年。）

廣中　直行　2003　『快楽の脳科学──「いい気持ち」はどこから生まれるか──』日本放送出版協会。

広田　照幸　2019　『教育改革のやめ方──考える教師，頼れる行政のための視点──』岩波書店。

道又　爾　2009　『心理学入門一歩手前──「心の科学」のパラドックス──』勁草書房。

中井　孝章　2017　『速い思考／遅い思考──脳・心の二重過程理論の展開──』日本教育研究センター。

中井　孝章　2020　『カプグラ症候群という迷路』日本教育研究センター。

Neisser,U.　1976　Cognition and Reality: Principles and Implications of Cognitive Psychology, W.H.Freeman and Company.（U.ナイサー，古崎敬，村瀬旻訳『認知の構図──人間は現実をどのようにとらえるか──』サイエンス社，1978 年。）

Ramachandran,V.S.,Blakeslee,S.　1998　Phantoms in the Brain : Probing the Mysteries of the Human Mind, William Morrow.（V.S.ラマチャンドラン・S.ブレイクスリー，山下篤子訳『脳のなかの幽霊』角川書店，1999 年。）

斎藤　亜矢　2014　『ヒトはなぜ絵を描くのか──芸術認知科学への招待──』岩波書店。

佐々木　正人　2005　『ダーウィン的方法──運動からアフォーダンスへ──』岩波書店。

篠原　菊紀（監修）　2019　『脳と心の科学』池田書店。

Uexküll,J.J.v., Kriszat,G. 1934 **Streifzüge durch die Umwelten von Tieren und Menschen**, S.Fischer Verlag. (J.J.v.ユクスキュル，G.クリサート，日高敏隆・野田保之訳『生物から見た世界』思索社，1973 年。)

[II]

中井　孝章　2013　『イメージスキーマ・アーキテクチャー――初期発達の認知意味論――』三学出版。

中井　孝章　2015　『精神分析の呪縛を解く――深層・内面から表層・表面へ――』日本教育研究センター。

嶋田総太郎　2019　『脳のなかの自己と他者――身体性・社会性の認知脳科学と哲学――』越境する認知科学 1（日本認知科学会編），共立出版。

鈴木　宏昭　2019　「プロジェクション科学の目指すもの」，日本認知科学会編『認知科学』26-1，52-71 頁。

[III]

Foder,J. 1975 **The Language of Thought**, Crowell.

深田智，仲本康一郎　2008　『概念化と意味の世界』研究社。

Goodman,N. 1978 **Ways of Worldmaking**, The Harvester Pr.（N.グッドマン，菅野盾樹訳『世界制作の方法』みすず書房，1987 年。）

Heidegger,M. 1977 **Sein und Zeit（Gesamtausgabe Bd.2）**,V.Klostermann.

Honeck,R.P. 1989 Review of G.Lakoff's Woman, Fire, and Dangerous Things,Metahor and **Symbolic Activity**,4(1).

Husserl,E. 1939／1972 **Erfahrungs und Urteil**, Felix Meiner.

Johnson,M. 1987 **The Body in the Mind: The Bodily Basis of　Meaning, Imagination, and Reason**, The Univ.of Chicago.（M.ジョンソン，菅野盾樹・中村雅之訳『心のなかの身体――想像力へのパラダイム転換――』紀伊國屋書店，1991 年。）

木田元，計見一雄　2010　『精神の哲学・肉体の哲学――形而上学的思考から自然的思

168

考へ──』講談社。

Lakoff,G.,Johnson,M.　1980　**Metaphors We Live By**,The Univ.of Chicago.（G.レイコフ，M.ジョンソン，渡辺昇一他訳『レトリックと人生』修館書店，1986 年。）

Lakoff,G.　1987　**Woman, Fire, and Dangerous Things**, The Univ. of Chicago.（G.レイコフ，池上嘉彦他訳『認知意味論』紀伊國屋書店，1993 年。）

Lakoff,G.,Johnson,M.　1999　**Philosophy in the Flesh：The Embodied Mind and its Challenge to Western Thought**, Basic Books（G.レイコフ，M.ジョンソン，計見一雄訳『肉中の哲学──肉体を具有したマインドが西洋の思考に挑戦する──』哲学書房，2004 年。）

Lakoff,G.Nunez,R.E.　2001　**Where Mathematics Comes From: How The Embodied Mind Brings Mathematics Into Being**, Basic Books.（G.レイコフ,R.E.ヌーニェス植野義明，重光/由加訳『数学の認知科学』丸善出版，2012 年。）

Libet,B.　2004　**Mind Time：The Temporal Factor in Consciousness**, Harvard University Press, 2004.（B.リベット，下條信輔訳『マインド・タイム──脳と意識の時間──』岩波書店，2005 年。）

Mandler,J.M.　1992a How to Build a Baby Ⅱ, **Psychological Review**, Vol.99,No.44, pp.587-604.

Mandler,J.M.　1992b The Foundation of Conceptual Thought in Infancy, **Cognitive Development**,1-7, pp.273-285.

Mandler,J.M.　2005　How to Build a Baby Ⅲ, Hampe,B.(ed.), **From Peception to Meaning**, Mouton de Gruyter, pp.37-164.

籾山　洋介　2010　『認知言語学入門』研究社。

中井　孝章　2013　『イメージスキーマ・アーキテクチャー──初期発達の認知意味論──』三学出版。

中右　実　1994　『認知意味論の原理』大修館書店。

中村　雅之　1994　「意味とカテゴリーの形成」，『理想』654 号，pp.7-16。

野田　正彰　1988　『漂白される子供たち──その眼に映った都市へ──』情報センタ

ー出版局。

Rorsch,E.H.　1977　Classification of Real-world Objects：Origins and Representations in Cognition, Johnson-Laird P.N.,Wason,P.C.(eds.), **Thinking**, Cambridge Univ.Pr.

白井　恭弘　2013　『ことばの力学——応用言語学への招待——』岩波書店。

Spencer-Brown,G.　1969　**Laws of Form**, George Allen and Unwin Ltd. (G.スペンサー＝ブラウン, 山口昌哉監訳, 大澤真幸, 宮台真司訳『形式の法則』朝日出版社, 1987年。)

多田　富雄　1993　『免疫の意味論』青土社。

Wittgenstein,L.　1953　**Philosophische Untersuchungen**, Basil Blackwell. (L.ヴィトゲンシュタイン, 藤本隆志訳『哲学的探究』大修館書店, 1976 年。)

山梨　正明　1988　『比喩と理解』認知科学選書 17, 東京大学出版会。

山梨　正明　2000　『認知言語学原理』くろしお出版。

山梨　正明　2012　『認知意味論研究』研究社。

山崎　雄介　1994　「教育内容としての『概念』とはどのようなものか」, グループ・ディダクティカ編『学びのための授業論』勁草書房, 76-98 頁。

山田　誠二　2007　『人とロボットの"間"をデザインする』東京電機大学出版局。

安井　俊夫　1977　『子どもと学ぶ歴史の授業』地歴社。

安井　俊夫　1982　『子どもが動く社会科——歴史の授業記録——』地歴社。

安井　俊夫　1994　『社会科授業づくりの追求——子どものものに実現していく道——』日本書籍。

[Ⅳ]

Carey,S.　1985　**Conceptual Change in Childhood**, The MIT Pr.

Churchland,P.S.　1986　**Neurophilosophy : Toward a Unified Science of the Mind Brain**, MIT Pr.

Dewey,J.　1916　**Democracy and Education：An Introduction to the Philosophy of**

170

Education, Macmillan Company, 1916.（J.デューイ，松野安男訳『民主主義と教育』［上］，岩波書店，1975 年。）

廣松　渉　1990　『表情』弘文堂。

廣中　直行　2003　『快楽の脳科学――「いい気持ち」はどこから生まれるか――』日本放送出版協会。

Hume,D.　1874-5　『人性論』（D.ヒューム，土岐邦夫，他訳）中央公論社，2010 年。

飯田　隆　2016　『規則と意味のパラドックス』筑摩書房。

Kümmel,F.　1965　**Verständnis und Vorverständnis**, Essen.（F.キュンメル，松田高志訳『現代解釈学入門――理解と前理解・文化人間学――』玉川大学出版部，1985 年。）

Langeveld,M.J.　1974a **The Understanding and Interpretation of the Individual Child**.（M.J.ランゲフェルド，岡田渥美・和田修二監訳『教育と人間の省察』玉川大学出版部。）

Langeveld,M.J.　1974b **Was ist der Mensch?**（M.J.ランゲフェルド，同前書。）

Langeveld,M.J.　1976　**Die "Projektion" im Seelenleben des Kindes.**（M.J.ランゲフェルド『続・教育と人間の省察』岡田渥美・和田修二監訳，玉川大学出版部。）

丸野　俊一　1994　「心理学の世界を探る」，丸野俊一・針塚進・宮崎清孝・坂元章編『心理学の世界』ベーシック現代心理学1，有斐閣，1-27 頁。

中井　孝章　2008　『子ども学入門』日本教育研究センター。

中井　孝章　2017　『驚きの因果律あるいは心理療法のディストラクション』大阪公立大学共同出版会。

中井　孝章　2018　『心の理由律と当事者の心理療法』日本教育研究センター。

中井　孝章　2019a　『認知行動療法からの転回――素朴心理療法の構築――』日本教育研究センター。

中井　孝章　2019b　『因果律の推察と臨在感の呪縛――"もうひとつの"因果律の正体――』日本教育研究センター。

大沢　秀介　1988　「素朴心理学」，土屋俊，他編『AＩ事典』UPU，54-55 頁。

大沢　秀介　1989　「素朴心理学」,『生け捕りキーワード 89』哲学 6, 哲学書房, 70-71 頁。

大沢　秀介　1990　「素朴心理学は還元されうるか」, 現代思想 18-7, 青土社, 70-80 頁。

Ramnero,J, Torneke,N.　2008　The ABCs of Human Behavior：Behavioral Principles for the Practicing, Clinician, New Harbinger Publications.（J.ランメロ, N. トールネケ, 武藤崇・米山直樹訳『臨床行動分析の ABC』日本評論社, 2009 年。）

Stich,S.　1983　From Folk Psychology to Cognitive Science: The Case Against Belief, Cambridge MIT.

高山　守　2010　『因果論の超克――自由の成立にむけて――』東京大学出版会。

高山　守　2013　『自由論の構築――自分が自身を生きるために――』東京大学出版会。

高山　守　2016　「手話言語における哲学表現の可能性について」, 科学研究費助成事業・研究成果報告書（挑戦的萌芽研究 2014 〜 2015）。

高山　守　2017　「手話で因果論を解体する」, 田中さをり『哲学者に会いにゆこう 2』ナカニシヤ出版, 89-109 頁。

鶴田　清司　1988　『文学教育における〈解釈〉と〈分析〉』明治図書。

鶴田　清司　1991　『国語教材研究の革新』明治図書。

鶴田　清司　2010　『"解釈"と"分析"の統合をめざす文学教育――新しい解釈学理論を手がかりに――』学文社。

内海　健　2009　「デイヴィッド・ヒュームの憂鬱――因果の制作――」, 木村敏・坂部恵『〈かたり〉と〈作り〉――臨床哲学の諸相――』河合文化教育研究書, 253-287 頁。

172

あとがき

　本書は当初，400 字詰原稿用紙で 200 枚程度の分量を予定していたが，実際に書き終えると，はるかに分量を超過していた。プロジェクションについてこれほど多くのことを語ることは，筆者にとってまったく想定外であった。私たち人間が発達初期から知覚分析を通して構築したイメージスキーマのように，原初的プロジェクションにはさまざまなタイプがあることが判明していたので，その論述に多くの分量を要することは予想できた。ところが，意識的なプロジェクションについては，執筆の最中に以前から研究してきた因果律や前理解がプロジェクションの典型であることに気づいて，急遽，それらを追加することにしたのである。特に，これまで研究してきた因果律については，プロジェクションという観点から考え直すことで，通俗的な意味での因果律は存在せず，「表象」としての因果律のみ，存在することがあらためて理解することができた。これは僥倖というしかない。因果律は「意識系」に属するのであって，「行動系」には属さないのだ。因果律の通俗的な理解では，因果律が主体（観測者）とは離れて客観的に存在するかのような捉え方がなされるが，それは，因果律の所属先を取り違えたものにすぎない。つまり，因果律の本当の所属先は，あくまで「意識系」なのであって，「行動系」では決してないのだ。

　このように，本書は予定の分量を超過したわけだが，それでもまだ，論述し得ていない事柄がある。それは何かというと，認知科学におけるプロジェクション科学がいうところの「虚投射」に該当する事柄である。「虚投射」では，「表象」が投射するところの「ターゲット」が想像上の対象，すなわち虚構もしくは仮構の対象となる。具体的には，サードマンやイマジナリーフレンズ等々，筆者からすると，解離現象に相当する想像上の実在である。筆者は，著書『防衛機制を解除して

解離を語れ』の中で，これらが主体によって生み出されるメカニズム
を，解離現象，すなわち空間的変容の一種であるファンタズムとして
解明した。その詳細はともかく，認知科学におけるプロジェクション
科学では筆者が解離現象として探究してきた現象を投射の一種である
「虚投射」として研究しているわけである。

　以上のことから，筆者は，知覚の病理態としての「幻視」，思考の病
理態としての「妄想」をプロジェクションとして論述してこなかった
ことに気づいたのである。筆者のいう「幻視」や「妄想」が，プロジ
ェクション科学においては「虚投射」に匹敵することは，驚きであっ
た。よくよく考えてみれば，それらの病理現象は，異常な状態にある
人間が自らの「表象」を外へと投射することによって初めて可視化さ
れ，意味づけられるものであることに相違ない（「ソース」を「なし」
とか「脳の状態」に帰することは不満であるが……）。当の本人にしか
見えない幻視や妄想は，本人さえ意味づけることができないのが実情
であろう。

　プロジェクション科学から教示されたことは，プロジェクション概
念を用いると，さまざまな病理現象を説明することができるというこ
とである。ただし，そのことは，あくまで「説明」の次元であって，「生
きられる」次元であることを意味しない。

　ただそれでも，私たちのごく一部の人たちが，木目のように不規則
的な模様や（反対に）規則的な幾何学模様に，人の顔を見たり幽霊を
見たりするのは，「虚投射」のように，内部から外に向けて想像上の対
象が投射されているからだということは納得することができる。つま
り，私たち人間は思いの外，何でもかんでも過剰に外へ向けてプロジ
ェクションしている可能性がある。世界は私たち人間がプロジェクシ
ョンしたものだらけだといっても過言ではない。そういう意味では，
筆者が論述した因果律や前理解のプロジェクションは，きわめて正統

なものかもしれない。

　余談であるが，実は，そういう筆者は，普段から（恐らく，偏頭痛のアウラの影響で）外界にギザギザの模様やグルグル回転する模様等々が見えることがある。正確には，これらの模様はまるで生き物のように，蠢く。こうした不思議な体験こそ，筆者がプロジェクション研究を行う動機になったのではないかと思うほどである。したがって，筆者にとってプロジェクションはアクチュアルであり，生きられるものなのである。もし，こういう体験が筆者に皆無であったならば，プロジェクションについて生々しく語ることも，「表象」や「意識」について大仰に語ることも，恐らくなかったのではないかと思われる。筆者にとってプロジェクションは，可視化（見える化）される現象なのだ。今後も，筆者の現前にどのようなものが立ち現れるか，言い換えると，筆者がいかなるものを外界へとプロジェクションするかを楽しみにしつつ，この研究を継続したいと考えている。筆者とは立場の異なる，認知科学分野におけるプロジェクション科学の進展も楽しみにしつつ，筆を置くことにしたい。

令和二年四月五日

筆　者

著者略歴

中井孝章（なかい たかあき）
1958 年大阪府生まれ。現在，大阪市立大学生活科学研究科教授。
学術博士。

主著：『学校知のメタフィジックス』三省堂
　　　　『学校身体の管理技術』春風社

単著（〈2010 年〉以降）：

『子どもの生活科学』日本地域社会研究所＋honto から電子ブック刊行

『配慮（ケア）論』大阪公立大学共同出版会

『忘却の現象学』三学出版

『イメージスキーマ・アーキテクチャー』三学出版

『空間論的転回序説』大阪公立大学共同出版会

『無意識 3.0』三学出版

『教育臨床学のシステム論的転回』大阪公立大学共同出版会

『〈心の言葉〉使用禁止！―アドラー心理学と行動分析学に学ぶ―』三学出版

『学校機械論―ハードウェアからの改革―』日本教育研究センター

『カウンセラーは動物実験の夢を見たか』大阪公立大学共同出版会

『賢治の読者は山猫を見たか』日本教育研究センター

『驚きの因果律あるいは心理療法のデイストラクション』大阪公立大学共同出版会

『防衛機制を解除して解離を語れ』大阪公立大学共同出版会

『反省するな，俯瞰せよ―メタ認知の形而上学―』日本教育研究センター

『脱感作系セラピー』［脳・心のサイエンス 1］日本教育研究センター

『離人症とファントム空間』［脳・心のサイエンス 2］日本教育研究センター

『頭足類身体原論』大阪公立大学共同出版会＋日本教育研究センターから頭足類身体シリーズ刊行

『ケア論Ⅰ　キュアとケア』『ケア論Ⅱ　マザリング』『ケア論Ⅲ　「巻き込まれる」当事者研究』
　日本教育研究センター

『進化論的アップデート：道徳は教えられるか』日本教育研究センター

『〈子どもが「指導」に従いながら同時に「自立」する〉教育の可能性』デザインエッグ社

『言葉を超えた読みの創造：「になる」とイメージの先生』日本教育研究センター

『カプグラ症候群という迷路』日本教育研究センター

共著：『ぬいぐるみ遊び研究の分水嶺』（堀本真以氏との共著）大阪公立大学共同出版会

〈生きられる〉プロジェクション

2020年 5月29日　初版発行	
著者	中井孝章
発行者	岩田弘之
発行所	株式会社　日本教育研究センター
〒540-0026	大阪市中央区内本町 2·3·8·1010
	TEL.06-6937-8000　FAX.06-6937-8004
	https://www.nikkyoken.com/

★定価はカバーに表示してあります。乱丁・落丁本はお取り替えいたします。
ISBN978-4-89026-197-0　C3037　　　　Printed in Japan